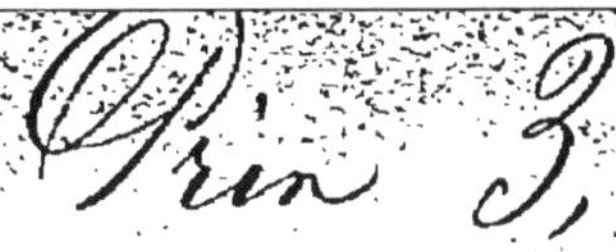

TRAITÉ PRATIQUE

DE LA

PEINTURE DES ÉPREUVES

PHOTOGRAPHIQUES

AVEC LES COULEURS A L'AQUARELLE ET A L'HUILE

SUIVI DE

DIFFÉRENTS PROCÉDÉS DE PEINTURE APPLIQUÉS AUX PHOTOGRAPHIES,

PAR

C. KLARY.

PARIS,

GAUTHIER-VILLARS ET FILS, IMPRIMEURS-LIBRAIRES

DU BUREAU DES LONGITUDES, DE L'ÉCOLE POLYTECHNIQUE,

55, Quai des Grands-Augustins.

1888

TRAITÉ PRATIQUE

DE LA

PEINTURE DES ÉPREUVES

PHOTOGRAPHIQUES.

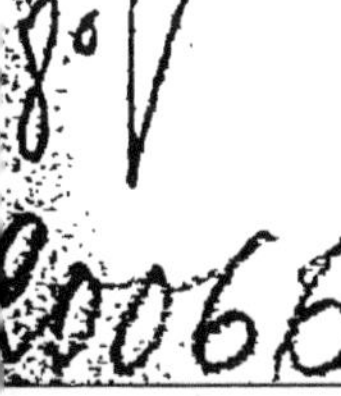

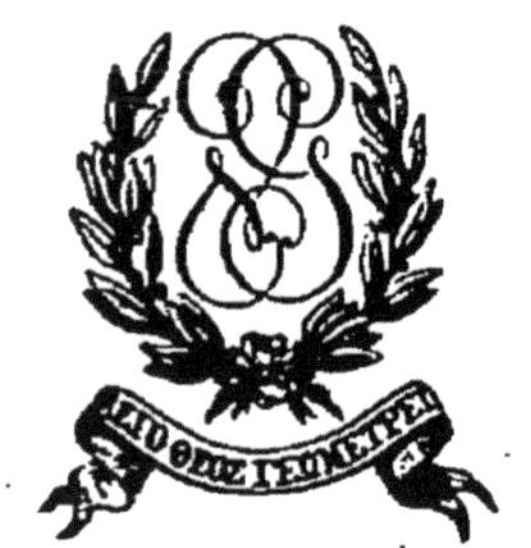

TRAITÉ PRATIQUE

DE LA

PEINTURE DES ÉPREUVES

PHOTOGRAPHIQUES

AVEC LES COULEURS A L'AQUARELLE ET A L'HUILE

SUIVI DE

DIFFÉRENTS PROCÉDÉS DE PEINTURE APPLIQUÉS AUX PHOTOGRAPHIES,

PAR

C. KLARY.

PARIS,

GAUTHIER-VILLARS ET FILS, IMPRIMEURS-LIBRAIRES

DU BUREAU DES LONGITUDES, DE L'ÉCOLE POLYTECHNIQUE,

55, Quai des Grands-Augustins.

1888

INTRODUCTION.

Notre but, en présentant cet Ouvrage à la bienveillante attention de nos lecteurs, est de leur démontrer, aussi clairement que possible, les différentes méthodes employées pour peindre les photographies imprimées sur papier.

Nous expliquons ici les moyens certains et éprouvés de transformer les photographies monochromes en peintures agréables. Nous exposons les moyens d'exécution employés par des artistes habiles et les résultats de notre propre expérience.

Nous nous souvenons du temps où, bien jeune encore, nous étions enthousiaste des photographies peintes. Nous considérions les méthodes employées pour les obtenir, comme entourées d'opérations mystérieuses et difficiles.

Nous nous rappelons aussi nos débuts et la mauvaise direction donnée à nos études.

Nous voulons indiquer le chemin le plus court pour arriver au but. Plus simples seront les méthodes, meilleurs seront les résultats. Ils seront complets si vous voulez bien joindre aux conseils que nous vous donnons les ressources de votre intelligence et de votre propre raisonnement.

Les artistes peintres sur photographies, dont l'habileté n'est plus à acquérir (s'ils se donnent la peine de parcourir notre Ouvrage), souriront sans doute à la lecture de quelques-unes de nos pages. Ils pourront même jusqu'à un certain point nous taxer d'empirisme.

Soit; mais ils voudront bien se rappeler, avant de nous critiquer, que ce Livre a été principalement écrit pour les débutants déjà initiés quelque peu aux principes techniques de l'art.

Pour ne pas égarer nos lecteurs, nous avons été concis.

Qu'ils ne soient pas découragés par la non-réussite de leurs premiers efforts; qu'ils soient persuadés que nos méthodes ont, toutes, donné de bons résultats.

Enfin, l'emploi des nouveaux papiers rapides au gélatino-bromure d'argent, le succès croissant des impressions par les sels de platine, fournissant des épreuves qui se prêtent admirablement, sans préparation aucune, aux différents genres de peinture, nous ont engagé à publier cet Ouvrage.

Nous espérons qu'il sera utile.

C. KLARY.

TRAITÉ PRATIQUE

DE LA

PEINTURE DES ÉPREUVES

PHOTOGRAPHIQUES.

PREMIÈRE PARTIE.

LA PEINTURE A L'AQUARELLE APPLIQUÉE
AUX PORTRAITS PHOTOGRAPHIQUES SUR PAPIER.

CHAPITRE I.

MATÉRIEL POUR L'AQUARELLE. — CHOIX ET PRÉPARATION
DES PHOTOGRAPHIES.

Matériel pour l'aquarelle.

Les Catalogues des marchands de couleurs et de
matériaux divers pour les artistes contiennent les
noms d'un grand nombre de couleurs. Il n'est pas
nécessaire ici d'en répéter la longue liste.

Nous allons vous donner les noms de celles

qui sont généralement en usage. Dans un Chapitre spécial, nous détaillerons les qualités de chacune d'elles, la manière de les employer et de les combiner.

Les couleurs à l'aquarelle sont vendues sous trois formes différentes : en pains, en masses humides contenues dans de petits godets en porcelaine ou en métal, enfin on peut encore se les procurer renfermées dans des tubes métalliques.

Vous les choisirez dans l'une ou l'autre de ces trois formes. En tous cas, il est de la plus grande importance de vous les procurer de la meilleure qualité possible.

Nous croyons que la liste suivante contiendra les noms de toutes les couleurs que vous devrez avoir sous la main pour la peinture des photographies à l'aquarelle :

Blanc fixe.	Indigo.
Blanc de Chine.	Terre de Sienne naturelle.
Jaune indien.	Bleu d'outremer.
Jaune de Naples.	Cobalt.
Gomme-gutte.	Ocre de ru.
Jaune de cadmium.	Ocre jaune.
Vert émeraude.	Terre de Sienne brûlée.
Chrome citron.	Mauve.
Chrome rouge.	Carmin.
Asphalte (bitume).	Ocre rouge.
Brun garance.	Rouge de Venise.
Sépia.	Rouge indien.
Rose garance.	Terre d'ombre brûlée.

Laque carminée.   Brun Van Dyck.
Vermillon.   Payne's Gray.
Bleu français.   Bleu noir.
Bleu de Prusse.   Noir de fumée.
Teinte neutre.   Noir d'ivoire.

Chaque épreuve que vous allez peindre ne comportera pas l'usage de toutes ces couleurs. Il est même rare que la moitié de celles que nous indiquons soit employée dans la peinture d'une épreuve.

Les palettes les plus commodes sont en porcelaine; elles ont la forme d'un carré long. Le centre de la palette doit toujours rester libre, pour y former les mélanges divers. Il faut la nettoyer chaque jour, autrement l'on pourrait produire facilement des tons sales et dénaturés.

Nous recommandons aussi l'usage de petites soucoupes ou godets pour certains mélanges de couleurs.

Ayez aussi deux ou trois verres pour laver vos pinceaux.

Employez des pinceaux en martre-zibeline, d'une grosseur moyenne. Il est peu judicieux d'exécuter le travail avec de petits pinceaux : leur emploi donne à la peinture un aspect rude et particulier qu'il faut éviter.

Les pinceaux de moyenne grosseur sont susceptibles de prendre une quantité raisonnable de couleur. Avec ces pinceaux, vous aurez la facilité de pouvoir produire certaines touches hardies très appréciées par les connaisseurs.

Cependant, il est des cas où vous pourrez employer des petits pinceaux, par exemple pour travailler les yeux, les narines, etc., etc.; mais pour les autres parties d'une surface plus grande, ils seront inutiles.

Pour vous assurer si les pinceaux sont de bonne qualité, trempez-les dans l'eau et portez l'extrémité sur un point de l'ongle du pouce. Les poils doivent être tous d'une longueur proportionnelle et former une pointe fine. Lorsque vous les aurez modérément mouillés, vous courberez les poils légèrement; ils devront ensuite reprendre immédiatement leur forme originale.

Vous aurez aussi un certain nombre de pinceaux en poil de chameau : ils seront très utiles pour obtenir les teintes plates un peu grandes, dans les fonds par exemple, mais ils n'ont pas assez d'élasticité pour le travail général.

Choisissez-les avec beaucoup de soin, car une bonne peinture ne peut être exécutée avec des pinceaux médiocres ou mauvais.

Après un certain temps d'emploi, les fines attaches des pinceaux en martre se détruisent; ils sont alors impropres au travail et doivent être rejetés.

L'eau que vous emploierez dans la peinture à l'aquarelle doit être très pure. En faisant usage de certaines eaux, les couleurs sont sujettes à se séparer et à s'écailler de telle façon qu'il est presque impossible d'obtenir des teintes plates et des gradations convenables.

Quelques solutions de gommes, de noix de galle, etc., etc., peuvent corriger ces défauts sans les vaincre entièrement; souvent même elles sont nuisibles.

La gomme arabique est généralement employée par les coloristes. Sa transparence empêche d'affecter les nuances les plus délicates; de plus, elle fait ressortir les couleurs avec lesquelles elle est mêlée. Cette gomme sera choisie avec soin, ne contenant aucune matière étrangère. Il faudra la faire dissoudre dans l'eau froide et filtrer la solution. Voici comment il faut la préparer :

Prenez un peu de très belle gomme arabique blanche, faites-la fondre dans de l'eau très propre et tenez le flacon bien bouché, afin d'éviter l'introduction de la poussière. Faites cette solution un peu épaisse, ajoutez-y environ la valeur d'une cuillerée à café d'alcool et un peu de sucre ordinaire. Ne faites pas une grande quantité de cette solution de gomme, car il vaut mieux l'employer fraîche. Si, par l'usage, elle devenait trop épaisse, ajoutez un peu d'eau et d'alcool.

Certains peintres de photographies mélangent leurs couleurs avec la solution suivante :

Eau 60ᶜᶜ
Gomme arabique 8ᵍʳ
Sucre. 4ᵍʳ
Alcool. 4ᶜᶜ
Alun en poudre 1ᵍʳ

Si cette solution ne se mélange pas bien avec les couleurs, ajoutez un peu d'eau. Il faut la conserver dans un flacon bien bouché.

Quelques marchands de couleurs vendent du fiel de bœuf épuré et préparé. Cette préparation est excellente pour la peinture des photographies, principalement pour celles qui sont imprimées sur papier albuminé.

Il est toujours utile d'avoir du fiel de bœuf préparé, mais il faut l'employer judicieusement : l'abus du fiel de bœuf dans les couleurs le fera entrer dans le papier et il n'y a plus ensuite possibilité de l'en retirer ; vous ne pourrez pas placer vos teintes plates sur les parties qui en auront reçu une trop grande quantité.

Le fiel de bœuf sera employé avec grand avantage dans le premier coloris, pour enlever toute trace de graisse. Couvrez-en légèrement la photographie, si cela est nécessaire ; mais n'en mettez pas trop.

Lorsque l'épreuve sera graisseuse et que vous

remarquerez une certaine difficulté à étendre vos teintes plates, trempez la pointe du pinceau dans le fiel de bœuf et mélangez avec la couleur.

Lorsque vous ferez une peinture à l'aquarelle sur papier albuminé, la meilleure substance que vous puissiez employer avec vos couleurs est l'albumine.

Voici comment il faut préparer cette solution :

Prenez huit blancs d'œuf, ce qui représente environ 250^{cc} d'albumine. Ajoutez-y 24 gouttes d'acide acétique cristallisable et 50^{cc} d'eau ordinaire. Remuez le tout avec une baguette de verre pendant trois ou quatre minutes, sans essayer de faire passer cette préparation à l'état de mousse. Laissez reposer pendant deux heures et filtrez soigneusement à travers deux épaisseurs de mousseline. Ajoutez ensuite 3^{cc} ou 4^{cc} d'ammoniaque. Conservez dans un flacon hermétiquement fermé.

Nous croyons avoir indiqué ici tous les véhicules ou compositions qu'on peut mêler avec les couleurs.

Nous vous conseillons encore d'en faire usage autant que possible telles que vous les achetez chez les marchands. Elles contiennent généralement assez de matières gommeuses pour assurer leur brillant dans la peinture. Elles sont, aujourd'hui, préparées avec tant de soin que vouloir les perfectionner encore serait inutile.

Choix et préparation des photographies.

Nous croyons utile de parler ici de la surface sur laquelle vous devez appliquer les couleurs.

Les épreuves photographiques aux sels d'argent sont produites sur deux qualités différentes de papiers : les premières sur papier mat ou papier salé; les secondes sur papier brillant ou papier albuminé.

Les papiers les plus usités sont ceux qui portent les marques de Saxe et de Rives. Cette dernière est la plus employée pour la production des bonnes épreuves aux sels d'argent de dimensions moyennes. La première marque est mieux appropriée à certains besoins artistiques, parce qu'elle est moins exposée aux accidents provenant des manipulations. Les très grandes épreuves, telles que les portraits demi-nature ou de grandeur nature, sont souvent aussi imprimées sur du papier à dessin anglais.

Différentes préparations ou couches préliminaires sont en usage, suivant la nature de la fabrication des papiers. Ces préparations doivent être appliquées sur l'épreuve, avant l'exécution du travail.

Il est généralement admis que les teintes plates de couleur doivent s'appliquer convenablement sur toutes les épreuves qui sont imprimées sur papier mat.

Malheureusement, un grand nombre de ces épreuves sont montées, pressées, frottées avec des mains malpropres ou couvertes de transpiration. Dans ce cas, certaines parties repoussent l'application des différentes teintes. On pourra remédier à cet inconvénient en mettant quelques gouttes d'une solution de noix de galle dans l'eau avec laquelle on délayera les couleurs.

Les épreuves sur papier albuminé seront simplement préparées à recevoir la peinture avec de la salive que vous étendrez sur toute la surface avec un pinceau ou le bout du doigt.

Avec les papiers aux sels de platine, les papiers rapides au gélatinobromure d'argent, les épreuves n'ont besoin de subir aucune préparation.

Les photographies qui doivent être peintes (si elles ont les dimensions ordinaires) devront être collées sur des cartons un peu plus épais que d'habitude. Elles devront être montées très soigneusement, car rien n'est plus désagréable pour l'artiste que de travailler sur une épreuve qui porte à sa surface des souillures, des bulles ou des cavités provenant d'un montage exécuté avec peu de soin.

Les épreuves photographiques imprimées sur la feuille entière de papier seront montées avec plus d'avantage sur un arrangement qui permettra de tendre cette feuille. Un châssis en bois léger, sur lequel on aura tendu un morceau de calicot blanc, recevra l'épreuve, qui y sera collée avec de la bonne colle d'amidon remplira parfaitement le but qu'on se propose.

Pour peindre une photographie à l'aquarelle, prenez de préférence une épreuve claire, pas trop foncée : vous pourrez de cette façon appliquer vos couleurs avec plus de facilité. Une photographie grise, d'une couleur noire dans les ombres, sera meilleure pour étendre la couleur locale qu'une photographie d'un ton brun chocolat.

Veillez à ce que l'épreuve soit bien imprimée, que les ombres et les demi-teintes soient claires, que le fond soit exempt de taches ou raies blanches ou noires.

Il est indispensable, surtout pour les commençants, de pouvoir choisir une photographie bien imprimée et, autant que possible, sans défauts.

En réalité, une bonne photographie doit ressembler à une bonne gravure ; mais, pour les besoins de l'aquarelliste, elle ne doit pas être trop noire.

Les photographies de beaux modèles doivent, de toute nécessité, être claires. Cependant, si le modèle a un teint foncé, il ne faut pas que l'épreuve soit par trop claire.

Les tons photographiques d'un noir vigoureux ne conviennent pas pour peindre les beaux modèles ; il est très difficile de placer les teintes gris perle sur la surface de l'épreuve. Dans ce cas, l'artiste n'a qu'un moyen d'éclaircir ces photographies, c'est d'employer des couleurs opaques ; mais c'est presque inadmissible, parce que tous les gris et teintes gris perle doivent être étendus d'une façon transparente : il faut apercevoir la teinte de chair qu'on a placée en premier lieu.

Lorsque le teint du modèle est foncé, la difficulté est bien moindre. La raison en est que, par l'application de couleurs d'ombres chaudes, le ton vigoureux de la photographie diminue d'intensité et forme le fondement d'une teinte sur laquelle les teintes gris perle sont placées avec beaucoup plus de facilité.

Les ombres des portraits de dames et d'enfants doivent toujours être plus claires que les ombres des portraits d'hommes. C'est pour cette raison qu'on doit chercher à leur donner cette douceur qui leur est caractéristique.

Les artistes font ces portraits plus légers, plus brillants que les portraits d'hommes.

Ayez toujours près de vous une seconde épreuve qui vous servira de guide ; elle vous aidera dans votre travail en vous assurant la conservation de la ressemblance.

Si cela vous est possible, copiez les couleurs d'après nature. Dans une photographie peinte, la couleur est une condition de la ressemblance ; et, bien que la plus grande partie des photographies peintes que nous voyons autour de nous aient été produites d'après des notes ou indications, et sans que jamais l'artiste ait même entrevu le modèle, bien que des yeux ignorants les trouvent charmantes, pour nous, qui les jugeons plus sévèrement, elles ne sont que des photographies plus ou moins bien coloriées.

Pour être peinte suivant les règles de l'art, une photographie doit être traitée comme une miniature, de façon à enlever le plus possible tout aspect ou apparence photographique.

Ce n'est pas en passant plus ou moins soigneusement une teinte de chair sur la figure, en plaçant un peu de couleur sur les joues, sur les lèvres, sur les cheveux, etc., qu'on peut produire une peinture.

Les Chapitres qui vont suivre vous prouveront que la peinture raisonnée et sérieuse d'une photographie demande du travail, un goût délicat et surtout la connaissance de l'art du peintre.

CHAPITRE II.

Blanc fixe. — Cette couleur est à peu près hors d'usage. Le blanc de Chine est bien meilleur. Le blanc fixe peut être employé pour les lumières dans les yeux, les dentelles, le linge. Cette couleur possède peu de corps : c'est pour cette raison qu'elle n'a qu'une médiocre valeur dans son emploi pour les draperies blanches.

Blanc de Chine. — Le blanc de Chine est une préparation dérivant de l'oxyde de zinc. Elle ne tourne pas au noir comme les compositions à base de plomb. Elle n'a pas autant de corps que ces derniers composés, mais elle est beaucoup plus solide.

Ce blanc est le meilleur que puisse employer le peintre de photographies, il s'étend en teintes plates très facilement seul, ou combiné avec d'autres couleurs.

Il possède en outre le grand avantage de ne pas changer en séchant. Le blanc de céruse, qui a été beaucoup employé par les miniaturistes, appliqué

sur le papier ou sur l'ivoire, a le défaut de changer.

Le blanc de Chine est employé pour les lumières, le linge, le métal, les chairs, les fonds, etc.
Lorsqu'on l'utilise seul, les ombres peuvent être
formées avec un gris froid, les ombres profondes
avec du noir.

Jaune indien. — Cette couleur est très puissante, elle est employée pour les chairs foncées et
les draperies sombres. Elle est solide ; elle s'applique
avec facilité et forme avec l'indigo et la terre de
Sienne brûlée plusieurs verts très beaux. Les
ombres seront faites avec de la sépia et de la laque
pourpre.

Jaune de Naples. — Le jaune de Naples est
une couleur semi-opaque jaune clair, spécialement
employée pour représenter les objets de bijoute-
rie.

Gomme-gutte. — La gomme-gutte est un jaune
brillant transparent. Elle forme de très beaux verts
en combinaison avec le bleu de Prusse et l'indigo.
La gomme-gutte est une gomme végétale ; elle n'est
pas une bonne couleur à employer dans les chairs.

*Jaune indien, indigo et terre de Sienne brû-
lée.* — Le mélange de ces couleurs est employé

pour les fonds et les draperies vertes; la terre de Sienne brûlée seule, pour réchauffer les ombres fortes.

Gomme-gutte, indigo et terre de Sienne brûlée. — Ce mélange forme une bonne couleur verte pour les draperies ou les fonds. Le vert n'est pas une bonne couleur à employer généralement dans les portraits, excepté pour les teints blêmes. Réduisez le mélange d'intensité autant que possible; faites les ombres avec de la laque et de la sépia.

Jaune de cadmium. — Cette couleur est très brillante, elle est solide. Très utile pour les draperies et pour former les teintes orange. Elle est trop brillante pour être employée dans les chairs. Le jaune de cadmium est fabriqué de différentes manières. Nous préférons celui qui incline vers la nuance orange.

Vert émeraude ou vert Véronèse. — Cette couleur est très employée pour les hautes lumières de plusieurs verts brillants et pour les pierres fines. Mêlée avec de la gomme-gutte et du blanc, elle forme un vert pâle et délicat pour les vêtements de dames. Les hautes lumières se font avec du blanc seul additionné de couleur locale (toutes les draperies vertes doivent être éloignées des chairs autant que possible). Les ombres seront faites avec d'autres verts; les ombres fortes, avec la couleur pourpre.

Chrome citron. — Cette couleur est très employée pour les hautes lumières des ornements en or. Elle peut être mêlée avec du blanc lorsque les lumières sont très brillantes. On en fait usage avec succès pour former les lumières de rideaux ou autres draperies vertes.

Chrome rouge. — Cette couleur est opaque, mais s'emploie avec facilité. Elle est utile dans les fortes ombres des chairs, souvent pour les lumières réfléchies sous le menton; mêlée avec de l'indigo, elle forme un grand nombre de nuances vertes qui, à l'occasion, sont fort utiles pour les draperies et les fonds quand la photographie est très foncée.

On fait usage du chrome rouge pour les ornements en or, bien que l'ocre de ru lui soit souvent préféré. Employé à l'état naturel, les ombres seront faites avec de la terre d'ombre brûlée; les fortes ombres, avec de la terre d'ombre brûlée et de la laque. Pour les hautes lumières, la couleur locale et du blanc de Chine.

Asphalte (bitume). — Cette couleur est bien certainement le plus beau brun que nous possédions. On doit l'employer pour les mêmes raisons que le brun Van Dyck. On ne peut l'obtenir que sous forme de liquide. Dans la peinture à l'aquarelle, on l'emploie pour renforcer les fonds. On ne doit jamais mélanger cette couleur avec du blanc.

Brun garance. — Couleur brune très riche et d'un grand usage pour les draperies. Combinée avec du cobalt, elle forme de très beaux gris très utiles pour les figures et les fonds.

Un lavis de brun garance sur la surface du fond d'une photographie foncée, rehaussé avec un mélange de rose garance, de Sienne naturelle, produit un effet charmant par l'application de teintes plates successives et de larges hachures. Toutes les couleurs garance sont solides.

Sépia. — Cette couleur brune est très employée. Elle se mélange très facilement avec toutes les autres couleurs. Combinée avec de la laque, de l'indigo et de la gomme-gutte, elle forme un noir très pur et très transparent. Ce mélange est très utile pour représenter les soies, les satins et les étoffes noires.

La sépia mélangée avec de la laque fournit une couleur excellente pour les touches hardies sur les yeux, les sourcils, etc. C'est aussi une bonne couleur pour les cheveux ; elle est employée non seulement dans les parties éclairées, mais aussi dans les fortes ombres. L'origine de cette couleur est singulière : elle provient d'un liquide noir rejeté par la seiche.

Sépia et indigo. — Le gris formé par le mélange de ces deux couleurs est particulièrement employé dans les fonds. Renforcez les ombres fortes avec de la sépia seulement et réchauffez-les avec du brun Van Dyck et du brun garance.

Carmin et vermillon. — Le mélange de ces deux couleurs est, sans contredit, le meilleur qu'on puisse employer pour certaines draperies; mais la couleur qui en résulte est trop éclatante pour les draperies des fonds, à moins de l'atténuer fortement avec de la sépia et de la laque.

Rose garance. — Cette couleur est très utile dans les chairs et dans les carnations. Quand cela est nécessaire, on peut la réchauffer avec de la laque et du vermillon.

Cette couleur a peu d'intensité. Les teintes de rose garance s'emploient dans les chairs de personnes jeunes; pour les personnes d'un âge mur, il faut ajouter un peu de vermillon ou de laque; pour les portraits de personnes âgées, il faut employer plus de laque que de rose garance. Dans les teints de chair des enfants, le vermillon doit dominer sur cette dernière couleur. Le rose garance est une excellente couleur pour étendre sur les lèvres.

Laque carminée. — Toutes les laques sont excessivement utiles pour les teintes de chair et les draperies, non seulement par elles-mêmes, mais aussi par leur mélange avec d'autres couleurs. Quand vous en ferez usage avec la sépia pour une couleur d'ombre, il est préférable de faire le mélange avec de la laque pourpre. La laque carminée est d'un beau rouge transparent. Lorsqu'elle est employée seule, elle n'est pas très solide; cependant elle est indispensable dans la formation de pourpres et de noirs riches.

Vermillon. — Le vermillon de Chine est celui qui est préféré généralement. C'est une couleur brillante et solide. Elle est fréquemment employée en teinte plate dans les chairs de très jeunes filles et d'enfants, mais on doit en faire usage avec beaucoup de précaution. Employée seule, c'est une bonne couleur pour les lèvres, les touches dans les coins des yeux, les narines, etc.

Les travaux élémentaires exigent généralement trois différents vermillons : le vermillon, le vermillon écarlate, le vermillon orange.

Pour former le vermillon écarlate, mêlez le vermillon avec du carmin ; pour former le vermillon orange, mêlez le vermillon ordinaire avec de la gomme-gutte.

Mêlé avec du rose garance, le vermillon forme une excellente couleur pour les carnations des enfants.

Bleu français. — Cette couleur est très utile pour les draperies et pour les ciels dans les fonds. Cependant, pour ces derniers, le cobalt est préférable. Cette couleur est puissante, elle a beaucoup de corps. Les ombres demandent à être un peu atténuées avec un brun chaud. Quand vous l'emploierez pour les draperies, les satins, les soies, etc., le ton local sera formé avec un peu de blanc de Chine, de façon à ne pas couvrir les plis qui doivent toujours être indiqués avec des couleurs transparentes. Cette couleur est une imitation de l'outre-mer.

Bleu de Prusse. — Cette couleur ne doit jamais être utilisée dans les chairs : elle change facilement en une teinte verdâtre. Employez-la pour les draperies bleues. Si vous la mélangez avec de la gomme-gutte, elle produira des verts très brillants. Le bleu de Prusse, la laque ou le carmin forment une grande variété de pourpres, de violets, de lilas, etc.

Indigo. — Cette couleur est d'un bleu sourd. Elle s'emploie facilement. Mêlée avec de la gomme-gutte et de la Sienne brûlée, elle forme des verts et des bruns de toutes les nuances possibles. Mélangée avec du carmin, elle produit des pourpres et des violets ; elle peut être employée souvent, comme le cobalt, pour les gris foncés de la figure.

L'indigo, le bleu de Prusse et le blanc forment une excellente couleur pour les vêtements bleus ; si vous désirez un bleu cuivreux, ajoutez un peu de laque.

Faites les hautes lumières de tous les bleus avec un peu de laque et de blanc. Si vous voulez produire un fond bleu avec beaucoup de profondeur et qui ne soit pas trop éclatant, faites-le avec une teinte plate d'indigo, ou d'indigo et de laque, et revenez par-dessus avec du cobalt mélangé avec de la laque rose. Le bleu de Prusse, la laque et le blanc forment les plus belles nuances de lavande et de lilas.

Indigo et carmin. — Ce mélange forme une couleur pourpre excellente certainement meilleure pour les draperies que le bleu de Prusse et le carmin ; il est légèrement éclatant. Dans l'un et l'autre cas, le carmin employé sera dissous dans l'ammoniaque sans addition de gomme.

La couleur pourpre résultant de l'indigo et du carmin pourra contenir un peu de blanc pour les teintes qu'on place sur les vêtements. Faites ensuite les ombres avec de la couleur pourpre transparente proprement dite.

Dans ces ombres, employez une quantité de gomme aussi faible que possible. Certains artistes se servent souvent du pourpre carmin, parce que cette couleur se manie facilement et leur évite beaucoup d'insuccès.

Terre de Sienne naturelle. — Cette couleur est solide. Un mélange de rose garance et de Sienne naturelle forme un excellent lavis pour les chairs ; et la couleur orange, qui est le résultat de cette combinaison, est très employée pour réchauffer les ombres de la figure. Un mélange de terre de Sienne naturelle et de sépia forme une bonne couleur pour les fonds, lorsqu'on applique cette couleur à l'état de teintes plates placées les unes sur les autres.

Le premier de ces mélanges est très convenable pour les cheveux châtains des enfants.

Bleu d'outremer. — Il n'y a pas d'autre bleu qui puisse être comparé à cette couleur au point de vue de la durée et du brillant ; bien que d'autres couleurs puissent la remplacer, il n'en existe pas qui soit aussi belle. Le cobalt, qui est souvent employé à la place de l'outremer, est une couleur bien inférieure à l'outremer quand on les compare. Si vous employez le bleu d'outremer à la place du cobalt dans les gris, vous devez en user très sobrement ; car, nous le répétons, c'est une couleur très brillante. Souvent, on en fait usage pour les vêtements des dames et dans les ciels des fonds. Les hautes lumières sont faites avec la couleur locale et le blanc de Chine.

Cobalt. — Le cobalt est une couleur solide et facile à employer. On l'utilise généralement dans les gris, pour produire les tons gris perle, et dans les ombres qui sont placées par teintes plates ou par pointillés sur de l'indigo, pour les ciels bleus et les fonds de portraits en vignettes. Cette couleur est très utile. Elle est peu opaque, mais excessivement pure et délicate de ton.

Mélangée avec de l'ocre rouge, elle produit un très beau gris perle. Employée seule ou avec du brun Van Dyck, on l'utilise quelquefois pour produire certains tons de chairs.

Ocre de ru. — Cette couleur est employée pour les draperies et pour réchauffer les jaunes dans les teints très foncés. C'est le meilleur jaune pour les ornements en or. Mélangée avec du blanc, elle est convenable pour toutes espèces de cheveux blonds, ou seule ou mêlée avec de la sépia.

On ne fait pas usage de cette couleur pour les draperies.

Ocre jaune. — Cette couleur est très employée dans les fonds, surtout quand on désire produire une teinte chaude. Mêlée avec du bleu français, elle produit une certaine quantité de verts.

Les peintres de paysages emploient souvent ces verts pour représenter l'eau. Cette couleur est très utile; elle n'est pas complètement transparente, mais elle s'étend bien en teintes plates; elle est solide.

Terre de Sienne brûlée. — Cette couleur est trop violente pour être employée dans les chairs, bien qu'on l'utilise quelquefois dans les teints très foncés. Dans ce cas, un mélange d'ocre de ru et de jaune indien est préférable.

Si le fond du portrait représente un paysage, cette couleur, combinée avec de l'indigo et de la gomme-gutte, sera utilisée avec succès pour une grande variété de feuillages : ces trois couleurs produisent un certain nombre de teintes vertes. Les hautes lumières seront faites avec du chrome, les ombres avec de la terre d'ombre et de la laque, les touches très foncées avec de la sépia et de la laque.

Mauve. — Cette couleur est très brillante et très solide. Elle est fréquemment employée pour former des pourpres et des violets éclatants. Les premiers lavis doivent toujours être appliqués en ajoutant un peu de blanc; les ombres sont faites avec des couleurs transparentes. (*Voir* ce que nous disons à ce sujet dans le paragraphe traitant de la couleur pourpre).

Carmin. — Cette couleur est le plus beau rouge cramoisi dont nous puissions faire usage. Mélangé avec du vermillon, le carmin forme une couleur écarlate qu'on peut employer dans les draperies, mais on doit l'atténuer un peu. Le carmin liquide et les bleus forment une grande quantité de couleurs pourpres. (Voir *Bleu de Prusse.*)

Le carmin liquide est fait de la façon suivante :

Prenez un peu de couleur carmin en poudre, humectez-la avec une petite quantité d'ammoniaque liquide. Laissez ce mélange reposer, jusqu'à complète évaporation de l'ammoniaque; ajoutez un peu d'eau avant de l'employer. La couleur carmin préparée de cette manière est bien meilleure que la couleur en pain, mais on ne doit pas s'en servir dans les teintes de chairs. Si la couleur devient sèche, humectez-la avec un peu d'eau; il n'est pas nécessaire d'ajouter de l'ammoniaque, à moins que la couleur, en séchant sur la photographie, ne vienne de nouveau à l'état de poudre.

Indigo, gomme-gutte et Sienne brûlée. — La couleur brune résultant du mélange de ces trois couleurs est employée pour les cheveux, les draperies, etc.

Ocre rouge. — Cette couleur est solide et d'un grand usage dans les chairs. Avec du carmin ou du vermillon et un peu de jaune indien vous pouvez former une teinte qui sera employée dans presque tous les tons de chairs. Les peintres miniaturistes fond leur couleur gris perle avec de l'ocre rouge mélangé avec du cobalt, du rose garance et de la Sienne naturelle. De l'ocre rouge, du blanc et un peu d'ocre jaune forment une bonne couleur de chair pour les figures d'hommes.

Rouge de Venise. — Il y a très peu de différence entre le rouge de Venise et l'ocre rouge. Employez cette couleur légèrement, dans les mêmes cas que ci-dessus.

Rouge indien. — Cette couleur est très bonne pour renforcer les ombres foncées de la figure, mais on doit l'employer très judicieusement, car c'est une couleur puissante et ayant beaucoup de corps. Elle est solide et s'utilise facilement. Mêlée avec de la laque, elle forme une bonne teinte pour les lèvres supérieures et pour définir les paupières, la bouche, les oreilles, les narines, etc. C'est aussi une bonne couleur pour les draperies rouges dans les fonds. Les ombres seront produites avec de la laque, ensuite de la laque et de la sépia; les hautes lumières, avec du blanc et de la couleur locale.

Terre d'ombre brûlée. — Cette couleur est excellente pour les cheveux, les draperies et les fonds.

Brun Van Dyck. — Cette couleur est ainsi nommée parce que le grand artiste Van Dyck l'employait fréquemment dans la peinture de ses inimitables portraits. C'est une excellente couleur pour former des teintes plates et pour renforcer les ombres sous le nez, pour atténuer les parties sombres des draperies vertes et les ombres des cheveux, pour réchauffer les ombres des fonds. On ne doit jamais en faire usage avec du blanc. On doit l'employer surtout en teintes plates.

Le brun Van Dyck est une couleur très solide.

Sépia, indigo et laque. — Ce mélange forme un très beau noir. Il peut être employé pour les soies et les satins. C'est aussi une bonne couleur d'ombre pour les vêtements noirs. Avec ces trois couleurs, vous pourrez former une couleur noire de n'importe quel ton. Faites usage du rouge pour les ombres les plus fortes. On peut encore faire d'autres noirs avec de l'indigo, du pourpre, de la laque et de la gomme-gutte, et utiliser ces noirs pour les mêmes usages que ci-dessus.

Bleu noir (transparent). — Cette couleur est très employée pour les draperies noires. Faites les ombres avec un peu de laque, de la sépia et de la laque pour les fortes ombres.

Noir de fumée. — Cette couleur a beaucoup de corps. Elle est principalement employée avec du blanc de Chine pour les habits noirs et les velours.

Noir d'ivoire. — A peu de chose près, le noir d'ivoire est la même couleur que le noir de fumée. Cette couleur est un peu plus brune, elle est transparente. Étendue de beaucoup d'eau, elle donne de très beaux gris.

Payne's Gray. — Cette couleur est une teinte neutre, artificielle ; elle est solide.

Teinte neutre. — Cette couleur est employée dans les mêmes cas que le bleu noir. Les ombres se traitent de la même manière.

CHAPITRE III.

Tons de chairs.

1° *Teints clairs*. — Faites un mélange de rose garance et de terre de Sienne naturelle. Employez soigneusement cette dernière couleur, pour les raisons données ci-dessus. Dans les tons de chairs de certains jolis enfants, ajoutez un peu de vermillon.

Faites les carnations avec du rose garance ; pour les visages très colorés, ajoutez un peu de vermillon.

Un autre ton de chair très délicat est obtenu avec de la couleur orange, du vermillon et un peu de blanc de Chine. On produit un excellent effet en terminant par une teinte plate formée avec une couleur transparente, c'est-à-dire une couleur qui ne contient pas de blanc dans sa composition.

Il faut prêter la plus grande attention à l'usage du blanc pour les teintes plates dans la figure. Employez-en le moins possible ; car, si vous en faites abus, vous couvrirez les ombres et les demi-teintes de la photographie.

Les meilleurs gris pour ces tons de chairs sont produits par un mélange de rose garance, de terre de Sienne naturelle et de cobalt. Les ombres seront réchauffées par une couleur formée de rose garance et de terre de Sienne naturelle se rapprochant de la couleur orange. Les parties les plus foncées seront renforcées avec de la Sienne brûlée ; et, si les ombres sont très fortes et très sombres, ajoutez un peu de laque.

2° *Teints moyens.* — Faites comme pour les teints clairs (comme ci-dessus), mais rappelez-vous que la terre de Sienne naturelle doit dominer toutes les autres couleurs. Les carnations seront obtenues avec du rose garance et de la laque.

3° *Teints foncés.* — De l'ocre rouge et de la terre de Sienne naturelle ou de l'ocre rouge avec de l'ocre de ru. Si le teint est vermeil, vous pourrez ajouter un peu de rouge indien ; mais employez judicieusement cette dernière couleur, car elle est très puissante et a une tendance à produire un ton pourpre sur les chairs.

Pour les carnations, employez la laque. Si le teint est foncé, faites des hachures par-dessus avec de la laque et un peu de jaune. Pour les portraits d'enfants, les carnations sont produites par du rose garance et du vermillon.

Dans les portraits de personnes âgées, faites les carnations avec du rose garance et un peu de cobalt, pour atténuer l'éclat de cette couleur sur les joues et les lèvres.

Les teintes de chairs n°s 1, 2 et 3 sont indispensables à employer comme teintes plates générales; elles devront ensuite recevoir les autres couleurs pour donner au tout un aspect vivant.

Les photographies ordinaires varient beaucoup comme tons. Le commençant trouvera certainement quelques difficultés pour produire ces teintes plates. Qu'il se rappelle que les photographies d'un ton chaud demandent moins de jaune que les photographies d'un ton froid.

Les ombres, les gris, les gris perle de la figure. — Le cobalt, le rose garance et la terre de Sienne naturelle produiront toutes les teintes nécessaires, depuis le gris perle le plus délicat jusqu'aux plus fortes couleurs d'ombres appropriées à tous les teints de figures.

Vous devez observer que tous les gris doivent être froids, et les ombres chaudes. Faites surtout bien attention de ne pas détruire les teintes placées d'abord, en les mêlant avec ces tons gris : autrement, vous les feriez opaques; il faut toujours apercevoir la couleur de chair en dessous.

Ces teintes gris perle semblent différer chez les divers modèles, mais cette différence est causée beaucoup plus par la couleur locale que par ces teintes elles-mêmes.

Lorsque la chair est d'une couleur puissante, les gris, etc., etc., doivent être plus forts que lorsque la chair est d'une couleur délicate.

Cette teinte gris perle est aussi employée pour former les ombres du linge blanc, de la mousseline, de la batiste, etc.

Les teintes d'ombres sont les mêmes en substance : elles sont toutes formées de terre de Sienne naturelle et de rose garance ; mais, pour les teints foncés, elles sont rehaussées avec de la terre de Sienne brûlée et de la laque.

Les cheveux.

Dans la peinture des cheveux, il est important d'abord de réchauffer les ombres profondes. La plus grande difficulté dans cette partie de la peinture est particulièrement le dessin des cheveux eux-mêmes et le caractère de la touche qui leur est nécessaire. La forme, la qualité de la chevelure doivent être soigneusement étudiées.

Dans la peinture à l'aquarelle, les ombres dans les cheveux n'ont pas de couleur locale proprement dite, toutes les ombres sont quelque peu différentes; il en est de même pour les hautes lumières.

Dans les cheveux bruns, les ombres seront généralement formées avec de la sépia, ou de la sépia et de la laque. Pour certains cheveux blonds particuliers, ces mêmes ombres ont une tendance à être verdâtres : il faudra faire usage dans ce cas de la sépia. La terre d'ombre brûlée est très employée pour les cheveux bruns et les cheveux châtains; ici encore, la sépia et la laque fourniront les meilleures couleurs d'ombres.

Un bon mélange pour faire les cheveux noirs est formé de sépia, d'indigo et de laque, ou bien encore de laque, d'indigo et de gomme-gutte. Les lumières inclineront vers une teinte pourpre, en y faisant dominer le bleu.

Mais les cheveux noirs sont de tons si différents, qu'il est impossible d'indiquer ici un ton général qui puisse être employé dans tous les cas. Il faut être guidé par la nature, en s'efforçant d'allier les couleurs de la façon la plus habile.

En général, passez une teinte plate très étendue, formée de couleurs employées pour les ombres; faites ensuite les hautes lumières et les lumières réfléchies avec une teinte convenable mélangée avec du blanc de Chine.

Faites les masses des cheveux avec beaucoup de

soin. Employez un pinceau de moyenne grosseur, faites votre peinture assez largement et ne vous attachez pas à produire par trop de détails.

Cheveux blonds. — Les teintes plates pour les cheveux blonds seront faites avec de l'ocre de ru, de l'ocre jaune, de la terre de Sienne naturelle ou du carmin, ou bien encore avec plusieurs jaunes, qui peuvent être modifiés avec de la sépia pour les approprier aux différentes nuances des originaux. Les ombres seront faites avec de l'ocre jaune et de la sépia ; les hautes lumières, avec du blanc de Chine mélangé avec un pourpre très délicat. Si les cheveux sont d'un blond éclatant, employez du blanc de Chine et de l'ocre de ru.

Occupez-vous des ombres d'abord, passez aux hautes lumières ensuite. Ne mettez jamais de blanc dans les ombres, car elles doivent toujours être transparentes.

La gomme est ajoutée à la couleur d'ombre pour la faire ressortir ; mais, pour éviter de donner un faux effet à votre travail, il est préférable de n'employer la gomme que le moins possible.

La terre de Sienne naturelle et la sépia forment une très belle couleur pour les cheveux blonds ; la terre de Sienne est moins opaque que l'ocre de ru. Faites les ombres avec le même mélange, avec plus de sépia seulement.

Si la photographie est brillante et claire, vous pourrez sans doute éviter de faire les hautes lumières, en les laissant représentées par la couleur locale seulement.

La couleur locale de certains cheveux blonds sera très bien faite avec de l'ocre jaune ou bien avec un mélange de rouge de Venise et de jaune indien. Les hautes lumières seront jaunes; vous remarquerez une teinte gris froid entre les lumières et les ombres.

Une observation importante : il faut placer des teintes gris perle entre les chairs et les cheveux et adoucir les contours dans les parties où les cheveux se combinent avec le fond. Autrement, vous produiriez un aspect de mosaïque ou de travail incrusté.

Cheveux châtains. — Faites la couleur locale avec de la terre d'ombre brûlée, quelquefois avec de la terre d'ombre brûlée et de la laque, selon les différentes nuances. Lorsque les cheveux sont châtain foncé, ajoutez un peu de Sienne brûlée à la terre d'ombre et à la laque et éclairez un peu les ombres profondes avec un pourpre froid. Faites les hautes lumières avec un mélange de teinte neutre et de carmin pâle. Lorsque les cheveux châtains ont une couleur un peu rouge ou dorée, on peut employer la Sienne brûlée; mais il faut en faire usage modérément dans les ombres, autrement elles seraient trop fortes. Les hautes lumières comme ci-dessus.

Cheveux marrons. — Les lumières seront indiquées de la même manière que pour les cheveux châtains. La teinte locale sera faite avec de la terre d'ombre brûlée, de la sépia et de la laque; les ombres, avec de la sépia, de la laque et de l'indigo. Dans les ombres les plus fortes, l'indigo et la laque domineront.

Cheveux rouges. — Du rouge de Venise, de la laque et un peu de sépia formeront un bon mélange pour la teinte locale. Si ce mélange est trop rouge, atténuez-le avec un peu de gomme-gutte et d'ocre de ru. Faites les ombres avec de la sépia et de la terre d'ombre brûlée; les hautes lumières avec un pourpre délicat et du blanc de Chine.

Les cheveux rouges seront aussi très bien représentés par de l'ocre de ru.

Cheveux brun foncé. — Cette nuance de cheveux sera très bien faite avec de la sépia seule ou de la sépia et de la laque, ou bien encore avec de la sépia et de la terre d'ombre brûlée. Les lumières inclineront vers le pourpre. Les ombres seront faites avec un pourpre brun.

Cheveux gris. — Étendez en teinte plate un

mélange de sépia et de cobalt, ou de sépia et d'indigo. Certains autres gris peuvent aussi être employés, pourvu qu'ils soient en rapport avec la couleur qu'on veut représenter.

Les cheveux gris sont quelquefois d'un ton chaud : dans ce cas, c'est avec la sépia que vous arriverez à un bon résultat.

Les ombres seront faites avec de la sépia.

Le gris de fer sera exactement rendu avec un noir pâle. Faites les ombres avec la même couleur ; les hautes lumières avec du blanc de Chine.

Cheveux noirs. — La meilleure couleur pour les cheveux noirs est celle qui est composée avec de la sépia, de l'indigo et de la laque, ou bien encore de la laque, de l'indigo et de la gomme-gutte, en employant plus ou moins le rouge ou le bleu, selon la nuance de l'original.

Faites les ombres avec une teinte brune chaude. Faites les lumières avec une teinte neutre légère. Lorsque les cheveux seront très noirs, les lumières seront formées avec du blanc de Chine et un rouge pâle.

CHAPITRE IV.

LES DRAPERIES, LES ÉTOFFES, LES TISSUS ET LES VÊTEMENTS.

Pour la compréhension parfaite de ce que nous allons écrire, nous diviserons nos modèles en deux classes : la première sera le type blond avec des yeux bleus et des cheveux clairs; la seconde sera le type brun avec des yeux foncés et des cheveux foncés.

Notre avis, pour ces deux classes de modèles, est qu'ils doivent toujours conserver pour leurs portraits les vêtements qu'ils portent habituellement.

Si un grand changement est produit dans le but de l'exécution du portrait, il faut que les variations du costume soient peu considérables, de façon à ne pas altérer l'individualité du sujet.

Les draperies blanches faisaient autrefois le désespoir du portraitiste : elles font aujourd'hui les délices de l'artiste photographe.

Le blanc et le noir forment de puissants contrastes; le blanc placé près d'une autre couleur a pour effet de la renforcer et de la rehausser.

Le blanc et le noir mis en contact se donnent l'un à l'autre une force plus grande.

Le noir reflète une petite quantité de lumière, il est toujours d'un ton plus profond que toute autre couleur qu'on mêle avec lui. L'orange, le jaune, le bleu, le violet se combinent toujours bien avec le noir.

Les couleurs primitives, telles que le rouge, le bleu, le jaune, s'associent très bien avec les teintes grises.

L'assemblage des couleurs, des teintes, des nuances devient, pour ce qui nous occupe, un sujet d'étude aride. Voici quelques règles qu'on pourra mettre à profit :

Les roses, les roses rouges feront perdre de leur fraîcheur aux teints vermeils, bien que ces couleurs puissent être portées si l'on prend la précaution de border les vêtements avec des dentelles blanches très légères.

Un rouge très sombre a pour effet de pâlir le teint.

Les verts clairs et délicats sont favorables à tous les teints peu chargés en couleurs.

Les jaunes doivent être employés avec grande précaution : ils s'associent parfaitement avec tous les teints bruns.

Les femmes espagnoles comprennent parfaitement l'art de se vêtir avec ces couleurs : elles comprennent aussi l'importance du relief qui est donné par la dentelle noire.

Les draperies violettes sont excellentes pour les blondes; elles contrastent avec tous les verts.

Les bleus conviennent très bien aux blondes; ils peuvent être portés avec beaucoup d'avantages et en proportions quelconques avec le blanc.

On doit user avec discernement des vêtements blancs, mais le caractère de la matière première qui les compose a une grande influence sur les parties environnantes.

Un blanc très lustré, très brillant, ne peut être porté que par une personne qui a un teint très frais.

Les dames qui ont le malheur de posséder une figure désagréable et un teint terreux peuvent le rehausser en portant sur leurs cheveux ou autour de leur cou quelque ruban de dentelle ou étoffe de gaze.

La peinture des draperies demande une grande attention.

Si la photographie est bonne, une couleur transparente sera étendue sur la surface des draperies et produira un excellent résultat; si l'épreuve est très nette, si elle a été fournie par un objectif suffisant, la texture caractéristique des étoffes sera rendue avec la plus grande fidélité.

Il est de règle que les satins, les soies ou les

mousselines demandent à être indiqués par des lignes plus brisées et par des touches plus hardies que les étoffes de laine, de velours ou autres.

Dans la peinture des draperies, il faut faire contraster les lumières froides avec les ombres chaudes; les demi-teintes montrent la véritable couleur des vêtements.

Pour peindre les étoffes et les tissus que comportent les vêtements ou les draperies, il sera toujours très bon d'employer la couleur locale en premier lieu, plus claire qu'elle ne doit apparaître dans le résultat final. Il faut que les plis des étoffes soient bien visibles en dessous de cette première teinte.

Vous voulez peindre, par exemple, un vêtement noir, commencez d'abord par étendre une faible couleur locale en teinte plate. Quand elle sera sèche, placez une légère couche pour former les ombres des plis, en ayant soin de ne pas obscurcir par trop la première teinte qui a été donnée. Vous devez remarquer que les ombres de la photographie seront rendues plus foncées par l'application de ces différentes teintes de noir.

Après avoir répété cette opération deux ou trois fois, vous constaterez que votre vêtement est aussi noir qu'il est nécessaire, mais les ombres seront trop faibles. Vous vous occuperez alors de les renforcer avec de la couleur locale, en les augmentant graduellement en vigueur et en profondeur dans les parties les plus sombres.

Maintenant, placez les hautes lumières avec un mélange de rouge et de blanc de Chine, en vous rappelant toujours que, pour cette opération, il faut employer un pinceau spécial et un appui-main. Il faut que ce travail soit exécuté légèrement; car, autrement, vous mélangerez la couleur locale avec les lumières et vous produirez un résultat déplorable.

Ces teintes plates répétées dans les ombres seraient complètement inutiles, si elles ne servaient pas à garder intacts les plis indiqués dans la photographie.

Si vous placez la couleur locale en une seule fois, et aussi puissante que vous le désirez, vous serez presque toujours certain de cacher les plis ou de les apercevoir beaucoup moins que vous ne le constatez dans l'épreuve qui vous sert de guide. En plaçant les teintes plates les unes sur les autres, vous arriverez à une harmonie de tons qu'il vous serait impossible d'obtenir autrement.

Si la photographie est vigoureuse dans les ombres et brillante dans les lumières, il est probable que tous les détails pourront être perçus à travers la couleur locale.

Tous les vêtements peuvent être traités dans le même principe. Prenez bien soin de ne pas faire les ombres trop vigoureuses; car, si vous les cachez par la couleur, vous serez obligé de les copier ensuite.

Voici encore une autre manière de faire.

Placez d'abord la couleur locale en une seule fois, et d'une force suffisante. Lorsque cette teinte sera sèche, vous la frotterez doucement et délicatement avec un petit morceau de soie, jusqu'à ce que la surface devienne luisante et fasse ressortir les ombres et les demi-teintes d'une façon bien distincte. Si elles demandent encore à être renforcées, ajoutez de la gomme à votre teinte. Cette manière de faire ne pourra pas être employée si les draperies sont peintes avec des couleurs opaques. Placez les lumières comme d'habitude.

Une bonne couleur noire pour les vêtements des hommes est formée avec de l'indigo, de la laque et de la gomme-gutte, ou bien encore de l'indigo, du carmin liquide et de la gomme-gutte.

Si vous désirez obtenir un bleu noir, faites d'abord un bleu pourpre, ajoutez-y ensuite de la gomme-gutte jusqu'à ce que cette teinte passe au noir.

Un rouge noir sera obtenu avec un rouge pourpre.

Les peintres en miniatures emploient généralement le noir de fumée ou le noir d'ivoire pour les étoffes noires; mais, comme ces deux couleurs sont opaques, elles cacheraient les ombres de la photographie, qui doivent toujours se voir en transparence. Il faut faire usage du noir, de la sépia et de la laque. La teinte pour les ombres doit être employée légèrement dans tous les cas; car le but, ici, est de renforcer la couleur locale et non pas de la cacher.

En faisant les ombres, ne travaillez jamais en travers des plis, mais dans la direction de ces plis; en dedans des contours, jamais en dehors.

C'est votre propre jugement qui doit vous guider dans les proportions de sépia et de laque à employer pour les ombres. Certains noirs demandent à être plus rouges que d'autres.

Un pinceau en poil de chameau sera mieux employé qu'un pinceau en martre pour les draperies, parce que la couleur en découle plus facilement et que les inégalités formées par les teintes sont moins visibles.

Nous ajouterons encore que, dans les draperies noires, si la photographie est bien éclairée, avec suffisamment de détails, une teinte plate transparente de bleu de Prusse clair sera très bien employée.

Les lumières seront faites avec un mélange de noir et de blanc et les ombres profondes avec de la sépia mêlée avec un peu d'eau gommée.

L'emploi d'un brun riche évitera l'aspect noir

couleur de suie et donnera de la transparence aux ombres profondes.

Le placement des lumières et des ombres demande la plus grande attention ; consultez l'épreuve-guide ; car, ici, elles doivent représenter leur profondeur et leur forme exactement.

Si la draperie est défectueuse sur la photographie, si elle est trop éclairée, ce qui arrive souvent, passez sur la surface une teinte plate de noir d'ivoire, de bleu de Prusse et de teinte neutre.

N'employez pas ce mélange trop épais, car vous couvririez par trop la photographie. Faites usage plus ou moins de bleu et de teinte neutre en rapport avec le ton de dessous, en faisant le noir verdâtre pour une épreuve photographique rougeâtre et pourpre pour une photographie dont la teinte approche de la terre de Sienne brûlée.

Soies et satins. — Les teintes pour les soies et les satins doivent être faites comme pour les vêtements. Il faut peindre largement, en maintenant les lumières brillantes et les ombres transparentes. Le blanc de Chine est souvent employé dans la couleur locale pour lui donner de l'éclat et du corps.

Il arrive quelquefois qu'une dame, qui a été photographiée avec une robe noire, désire être représentée avec une robe d'un bleu brillant. Les couleurs bleues, étant pour la plupart très transparentes, ne peuvent être placées sur une photographie foncée. Il faut, dans ce cas, ajouter du blanc à la couleur bleue. Vous passerez cette teinte sur toute la surface du vêtement.

Cette opération est peut-être un peu difficile à exécuter; mais, avec un peu de pratique, vous y arriverez.

Il faut bien comprendre qu'on doit placer cette teinte très franchement. Les ombres de la photographie seront sans doute ensuite peu perceptibles, mais on peut les indiquer de nouveau à leur place en les copiant d'après l'épreuve-guide.

Faites les ombres comme d'habitude et les lumières presque blanches.

Étoffes de couleur rouge cramoisi.— Le rouge cramoisi est composé avec du carmin liquide modifié avec de la laque pour les ombres; la sépia et la laque (sans carmin) pour les ombres les plus profondes.

Les hautes lumières sont produites par du vermillon additionné d'un peu de couleur locale.

Étoffes de couleur rose. — La couleur rose est simplement du carmin ou de la laque dont on a réduit l'intensité avec de l'eau et du blanc de Chine. Les ombres sont faites avec de la laque; les hautes lumières, avec du blanc de Chine et de la couleur locale.

Le rose et le rose garance sont les équivalents de cette couleur. Faites les ombres comme précédemment. Ajoutez un peu de blanc, quand la photographie est foncée.

Étoffes de couleur jaune. — Faites les ombres avec la couleur locale, modifiée avec de la terre d'ombre. Certains jaunes ont un aspect gris froid en approchant vers les lumières. Les lumières dans les jaunes sont obtenues avec de la couleur locale et du blanc de Chine.

Étoffes de couleur orange. - De toutes les couleurs orange, la plus brillante est l'orange de Mars. Une bonne couleur orange est formée par un mélange de jaune indien et de carmin. ou bien par un mélange de carmin et de gomme-gutte, ou bien encore en mêlant du chrome rouge avec de la gomme-gutte. Ce dernier mélange ne devra pas être employé pour les étoffes de soie.

Étoffes de couleur verte. — L'indigo et la gomme-gutte forment une excellente couleur pour les étoffes vertes. Faites les ombres avec le même mélange additionné d'un peu de terre d'ombre brûlée; les ombres les plus profondes avec de la laque et de la terre d'ombre ou de la laque et de la sépia. Pour les hautes lumières, employez la couleur locale et du chrome citron, ou ce dernier avec du blanc de Chine sur la couleur locale.

Si le vert est très chaud, le chrome citron sera meilleur pour les lumières ; mais si le vert est froid, employez seulement le blanc de Chine.

Certains vêtements de dames d'un vert brillant seront représentés avec du vert émeraude mélangé avec un peu de jaune de chrome et du blanc. Faites les ombres avec du bleu de Prusse mêlé avec de la gomme-gutte ; pour les ombres profondes, ajoutez un peu de sépia. Les hautes lumières seront faites avec du chrome citron, ou cette même couleur mêlée avec du blanc.

Étoffes couleur pourpre. — Les couleurs pourpres sont formées avec du bleu et de la laque, ou du bleu avec du carmin liquide. Les couleurs lilas sont formées de la même manière.

Les ombres seront réchauffées avec de la couleur locale et du brun garance ; les ombres profondes, avec du brun garance et de la laque pourpre.

Les hautes lumières seront faites avec de la couleur locale et du blanc de Chine.

Pour les couleurs lilas, ajoutez du blanc de Chine à la couleur locale.

Étoffes bleues. — Les ombres de tous les bleus seront obtenues avec de la couleur locale et un peu de brun garance ; les ombres profondes, avec du brun garance seulement ou de la laque et de la sépia ; les hautes lumières, avec de la couleur locale et de la laque. Tous les bleus clairs s'obtiennent avec du blanc de Chine mêlé avec toutes les couleurs bleues.

Ayez bien soin de ne pas employer trop de blanc, car vous auriez une couleur crayeuse désagréable. Certains artistes placent d'abord les ombres fortes : c'est un moyen de les garantir. Ils emploient ensuite la couleur locale. Les plis sont certainement plus aisément préservés et discernés par cette manière de faire.

Étoffes de couleur blanche. — Dans les étoffes blanches, il ne faut pas employer de ton local ; car, dans les photographies, elles sont presque toujours trop blanches et sans détails.

Rien n'est aussi désagréable que d'observer une figure dans une ombre très forte d'un côté et le col de ce même côté d'un blanc fixe. C'est ainsi que cela se présente généralement. Ombrez franchement ce côté de la draperie avec de la sépia ou de la sépia et du noir. Cette opération fera paraître le côté de la figure plus clair. Si vous avez dans le vêtement une grande surface d'étoffe blanche, passez sur le tout une faible teinte de noir et de gomme-gutte ; pendant que cette teinte est encore humide, faites les lumières avec un pinceau sec. En agissant ainsi, vous aurez une bonne préparation pour la peinture subséquente.

Les ombres les plus foncées seront ensuite indiquées avec une teinte appropriée et les hautes lumières, produites avec quelques touches de blanc de Chine, atténuées dans certains endroits avec un peu d'ocre de ru.

Les lumières réfléchies dans les draperies blanches sont quelquefois un peu chaudes ; elles sont généralement jaunâtres ou verdâtres, à moins que près d'elles il ne se trouve quelque objet brillant.

Les ombres des vêtements blancs seront très bien faites avec un mélange de cobalt, d'ocre rouge et de brun Van Dyck. Les dentelles blanches seront bien représentées par du blanc de Chine mélangé avec un peu de jaune de Naples.

La peinture des bijoux, etc., etc.. se fera en dernier lieu.

Le traitement, dans la peinture à l'aquarelle, des nombreux objets qui peuvent se trouver dans un portrait demandera nécessairement du goût et de l'intelligence pour les représenter judicieusement.

C'est ici que le véritable artiste pourra développer son habileté. Une imitation servile et absolument exacte n'est pas à conseiller, mais une représentation fidèle avec l'effet voulu.

CHAPITRE V.

L'exécution des fonds demande une grande habileté et la connaissance des règles de l'art. Bien que l'on considère souvent le fond comme une chose de peu d'importance, nous pouvons vous assurer que, dans un travail terminé d'une façon artistique, le fond est une chose principale.

Le fond doit être en harmonie avec la figure, de façon à ne pas sembler avoir été placé après coup. Il devra toujours être en rapport avec les tons de la figure.

Une grande partie des photographies qui doivent être peintes à l'aquarelle sont des reproductions de mauvaises photographies. Quand cela sera possible, il sera toujours préférable de les imprimer en vignettes.

Cette présentation de l'épreuve exclut toute idée de prétention et donne à l'artiste une grande latitude et en même temps une plus grande facilité dans l'exécution du fond ou de toutes les parties du fond qui entourent la figure.

Dans la peinture des portraits en vignettes, ou dégradés, vous pourrez produire un fond très agréable avec un mélange de teinte neutre et de jaune indien, ou bien encore avec un mélange de teinte neutre et de très peu de vert émeraude.

La forme des fonds en vignettes est de la plus grande importance. Elle doit généralement affecter un aspect nuageux. Il ne faut pas, dans sa forme, répéter les lignes de contours de la figure; le fond ne doit pas non plus avoir l'aspect d'un ovale ordinaire produisant l'effet d'une figure placée dans un œuf.

Les lignes doivent être brisées et irrégulières. Il ne faut pas répéter les mêmes lignes courbes; certaines parties doivent être arrondies, en affectant différentes formes. Vous pourrez terminer le fond par des hachures transversales hardiment placées.

Un bon mélange pour un fond en vignette est composé d'indigo, de cobalt, d'ocre rouge et de brun Van Dyck, en ajoutant un peu de sépia.

Portez toute votre attention à peindre convenablement les draperies d'un portrait en vignette. Les lignes et les ombres doivent être indiquées *decrescendo* à la manière d'une ébauche, et la partie du corps qui vient immédiatement après la vignette, ou dégradation, doit être produite par des coups de pinceau donnés un peu largement.

Les meilleures couleurs employées pour les

fonds de portraits d'enfants ou de personnes d'un teint clair sont les bleus, les pourpres et les gris. Il ne faut pas, cependant, que ces couleurs soient trop éclatantes.

Les personnes possédant un teint foncé ressortiront bien mieux sur des fonds sombres inclinant vers le rouge ou le brun chaud.

Pour les teints blêmes, employez des couleurs plus chaudes, des verts, inclinant vers l'olive par exemple, pour faire ressortir davantage les parties colorées de la figure.

Si l'inévitable et insipide rideau est dans la photographie, il faut le peindre avec une couleur en connexion avec quelque autre couleur de la figure ou des accessoires.

Il ne faut jamais peindre un fond avec un bleu brillant et un rideau cramoisi. Faites une chose calme, simple, de façon que l'œil perçoive tout d'un regard sans être ébloui par des parties brillantes, afin qu'il soit attiré par la figure, qui est la chose principale dans un portrait.

Voici quelques couleurs à employer pour les fonds.

La pierre est représentée par un mélange de carmin, d'indigo et d'ocre jaune. Si vous voulez donner plus de relief, employez l'indigo en plus grande quantité.

Si la photographie n'est pas vigoureuse, il sera

bon de placer d'abord une teinte de teinte neutre pour supporter les autres couleurs.

Les gris chauds ou froids de différentes nuances seront obtenus avec de la sépia et de l'indigo. Les teintes gris perle de la figure peuvent être employées.

Un bon fond, susceptible de beaucoup de modifications, sera fait avec du cobalt, de la terre de Sienne brûlée et un peu de rose garance.

Le brun garance et le cobalt peuvent être aussi employés pour le même but; le mélange de ces couleurs produira un fond agréable pour les beaux modèles. Il pourra être renforcé dans les parties les plus sombres par l'addition d'un peu d'indigo.

L'indigo et le brun garance produiront un gris plus terne que le mélange ci-dessus, mais donnant plus de profondeur.

On obtiendra un fond pourpre nuageux avec de l'indigo et du carmin liquide. Prenez bien soin ne pas faire ce mélange par trop brillant.

Un fond opaque, d'une couleur chocolat, sera composé de noir de fumée et de rouge indien. Ce fond pourra être éclairé par des hachures de blanc de Chine.

La terre d'ombre brûlée, le jaune de chrome, le blanc de Chine produiront un fond plus clair que celui qui est indiqué ci-dessus.

Les fonds produits par des couleurs opaques

n'ont pas généralement un effet très artistique : ils sont peu employés. S'ils sont très foncés, ils donnent à la figure l'apparence d'avoir été découpée et placée ensuite sur du papier de couleur.

Si le fond de la photographie est très noir et si vous voulez le rendre plus clair, étendez sur la surface une couleur transparente et éclairez-le en faisant un pointillé ou des hachures par-dessus avec du blanc mélangé avec de la couleur locale. Ceci aura pour effet de donner du relief à la tête et aux autres parties de la figure que vous désirez faire ressortir.

Les fonds doivent toujours avoir certaines parties bien éclairées.

La couleur des tapis, des draperies, des accessoires vous indiquera souvent ce que vous devez faire pour le fond.

Les photographes produisent quelquefois les portraits sur des fonds complètement blancs. Ceux-ci sont nécessairement tout à fait dans les conditions requises pour recevoir toutes les nuances de couleurs; tandis que les fonds sombres demandent un grand discernement de la part de l'artiste pour bien saisir, bien comprendre où les lignes de contour des cheveux se terminent et où le fond doit commencer.

Si vous apercevez des taches blanches sur les fonds, il faut les pointiller avec une couleur convenable. Si les taches sont noires, il faut les pointiller avec du blanc.

Neuf photographies sur dix, qui doivent être peintes, ont des fonds abominables, et nous estimons que nous ne saurions trop attirer l'attention de nos lecteurs sur ce sujet.

Une grande partie de ces fonds sont couverts de raies, de taches, de souillures de toutes sortes sur leur surface, provenant de manipulations photographiques ou autres.

D'autres sont agrémentés d'accessoires imités d'une façon impossible. On y remarque des escaliers merveilleusement construits, des meubles d'appartement étonnants et invraisemblables, etc.. des décorations délirantes enfantées par le plus mauvais goût qu'on puisse imaginer.

La meilleure chose que puisse faire l'artiste dans ce cas, c'est d'effacer, d'enlever tous ces malencontreux effets.

Mais ici se pose une terrible question. Comment faut-il faire?

Le rouge indien et le chrome vert sont deux couleurs très épaisses. Mêlées en égales proportions, elles formeront un composé qui couvrira toutes les raies ou taches, que ces taches soient claires ou foncées. Le résultat sera un gris neutre, car l'expérience prouve absolument que le mélange d'un rouge violent et d'un vert prononcé forme un ton neutre. Sur cette couche unie, on peut produire certaines gradations, car autrement la figure aurait l'air d'y être incrustée.

Des teintes et des gradations variées peuvent être produites sur cette surface au moyen de hachures ou de touches de couleurs transparentes. Un mélange de brun Van Dyck ou de sépia avec du cobalt sera très bien employé pour produire ces effets. Quelquefois un peu de couleur sèche en poudre ou de pastel étendu avec le bout du doigt pourra remplir le même but. C'est une méthode rapide à employer.

Placer un fond représentant un paysage dans une peinture à l'aquarelle est une expérience dangereuse, à moins que le peintre ne soit absolument un artiste. Ici, il faut connaître les règles de la perspective et celles qui régissent la représentation d'une vue prise au dehors.

La partie supérieure du fond sera couverte avec une teinte de cobalt pur, graduellement modifiée avec de l'ocre rouge à mesure que vous avancerez vers le bas, jusqu'au moment où vous arriverez à l'horizon. Là vous pourrez ajouter un peu de jaune à votre teinte.

Les beaux nuages seront représentés avec de l'ocre rouge, du cobalt et du noir en différentes proportions.

Les lointains, s'ils sont indiqués par des montagnes ou par des coteaux, seront faits par des combinaisons de cobalt, d'indigo et de rose garance. S'il y a des feuillages, faites-les avec de l'ocre jaune, de l'ocre rouge et du cobalt ; les gradations suivantes, avec un mélange de cobalt et de sépia, modifié avec de la sépia, à mesure que les objets se rapprochent du spectateur. Les feuillages les plus rapprochés seront représentés avec un mélange de gomme-gutte, de Sienne brûlée et d'indigo ; les troncs des arbres, avec du brun Van Dyck.

CHAPITRE VI.

PEINTURE DES DIFFÉRENTES PARTIES DE LA FIGURE.

La photographie est parfaitement montée. Nous la placerons sur une table inclinée, sur un pupitre ou sur un chevalet, et nous allons la transformer en une peinture à l'aquarelle.

Choisissons nos couleurs, mettons-les à portée de notre main.

Dans une peinture à l'aquarelle, il sera toujours bon de commencer par la figure.

Une grande partie des épreuves que nous sommes appelés à peindre sont des reproductions de daguerréotypes, de vieilles photographies le plus souvent mauvaises. Dans ce cas, la première opération est d'adoucir la figure; ce travail préliminaire peut être comparé, jusqu'à un certain point, à celui que produit l'artiste en dessinant sur sa toile.

Un mélange d'encre de Chine, de sépia et de laque nous fournira une série de teintes que nous pourrons assimiler aux différents tons des photographies. Les parties en lumière seront indiquées avec certaines combinaisons de ces teintes ; d'autres parties foncées seront éclairées par le même mélange, auquel on ajoutera un peu de blanc de Chine.

Ici, nous croyons devoir donner un avis aux commençants.

En peinture, on emploie deux sortes de couleurs : les couleurs transparentes et les couleurs opaques.

Dans la peinture à l'aquarelle, il est important d'employer les couleurs transparentes de préférence aux couleurs opaques. Les couleurs opaques seront souvent utiles, mais on doit en user avec grande précaution.

Il sera nécessaire d'avoir plusieurs palettes ou godets, afin de pouvoir délayer les couleurs ; de cette façon, elles seront préservées de souillures ou de mélanges intempestifs.

Il n'y a pas de partie de la peinture qui demande plus d'habileté, plus de combinaisons intelligentes, que celle qui doit représenter la figure, les mains et autres parties nues du visage humain.

C'est pour cette raison qu'il faut absolument établir, composer ce que nous appellerons une *palette de chairs*.

Nous placerons donc nos couleurs de la manière suivante, en commençant par le côté gauche de la palette, comme elle est placée devant nous.

D'abord le vermillon, ensuite un rouge transparent ou laque. Nous avons, pour faire notre choix, le carmin, la laque carminée, le rose ou le rose garance. Prenons ce dernier; car les autres sont brillants à leur première application, mais, après, ils deviennent ternes.

Plaçons ensuite de l'ocre rouge ou du rouge de Venise, très peu de rouge indien, car on n'emploie cette dernière couleur que pour les portraits d'hommes. Plaçons du brun garance. Vient ensuite la terre de Sienne naturelle, un peu d'ocre jaune, un peu de jaune indien et de jaune de cadmium. Nous n'avons pas de verts à mettre sur notre palette, car nous devons les produire par des combinaisons de couleurs. Puis les bleus. Le cobalt, le bleu français et l'indigo seront placés sur la palette dans l'ordre ci-dessus et en quantités égales. Le brun Van Dyck, la sépia, le noir d'ivoire et le blanc de Chine. Toutes ces couleurs composent un assemblage avec lequel nous pourrons travailler.

Faites un mélange très clair de rose garance et de terre de Sienne naturelle, d'une intensité suffisante pour donner à la photographie un ton de chair, approchant autant que possible du teint de l'original.

Passez légèrement et régulièrement cette couleur sur la figure et sur les mains, sans trop vous appliquer à respecter les contours; car, si cette couleur dépasse, vous pourrez l'enlever très facilement, pendant qu'elle est encore humide, avec un pinceau sec.

Répétez cette opération plusieurs fois, si cela est nécessaire, en ne couvrant pas avec la teinte les parties des hautes lumières de la figure.

Après avoir placé plusieurs teintes plates de cette manière, vous remarquerez que vous aurez obtenu ce que nous appellerons un *fondement convenable* pour le travail subséquent que nécessite la figure.

Si ces teintes plates vous ont donné un ton trop rose, ou bien si c'est l'inverse, vous pourrez modifier le ton général par l'application d'une teinte nécessaire. N'employez pas de couleur trop foncée, opérez par teintes faibles comme vous l'avez fait en premier lieu. Cette manière d'étendre une succession de teintes plates très faibles vous évitera, par la suite, beaucoup de travail et d'ennuis.

Ensuite, prenez avec votre pinceau une faible teinte de rose garance et faites les carnations en vous rapprochant autant que possible de la nature, et surtout en évitant des lignes dures dans les contours.

Renforcez graduellement les carnations, aussi fortement que le demande l'original. Faites ensuite une teinte orange composée de rose garance et de terre de Sienne naturelle, placez cette teinte dans les ombres de la figure. Les carnations (ceci est très important) doivent être indiquées sur le dos du nez et sur le menton ; également sur le front avec un peu de rose pur.

Étendez la couleur des ombres chaudement, sans exagération cependant. Les ombres de la photographie vous serviront de guide.

Les ombres des teints clairs seront mieux renforcées avec un mélange de vermillon et de blanc : pour les teints foncés, ajoutez un peu d'ocre de ru.

Les teints très foncés exigeront un peu de jaune.

Les teints foncés formés avec du vermillon et du blanc doivent être plus fortement ombrés que les teints clairs.

N'employez pas trop de blanc ; car, autrement, vous feriez disparaître toutes les ombres et les demi-teintes de la photographie. Il faut toujours avoir soin de les laisser intactes.

Placez ensuite un peu de couleur sur chaque lèvre. La lèvre supérieure, qui est toujours un peu ombrée, peut être faite avec de la laque et du vermillon ; et la lèvre inférieure avec du carmin et du vermillon, cette dernière couleur un peu en excès si le modèle est jeune.

Donnez une teinte plate sur le fond, et passez ensuite aux draperies.

Si le fond est foncé et taché, servez-vous d'une couleur un peu épaisse, ayant un peu de corps, sur toute la surface, et terminez par des hachures transparentes. Croisez ces hachures. Renforcez les carnations et passez aux parties jaunes, qui sont visibles dans presque toutes les figures, particulièrement dans les visages des personnes âgées, aux tempes, aux yeux et à la bouche.

Renforcez les yeux, les narines et la bouche avec de la laque. Faites de même dans la chevelure avec une couleur convenable, en travaillant dans la direction des boucles jusqu'à ce que le tout soit définitivement déterminé.

Passez une teinte sur la lèvre inférieure avec de la laque et du rose garance en concordance avec le teint du modèle.

Le blanc des yeux (c'est ainsi qu'on l'appelle) varie en couleur selon l'âge des modèles. Dans les figures des enfants et des adolescents, le blanc de l'œil est presque d'un bleu précis; graduellement il perd cette couleur pour changer en un gris perle, et, dans l'âge très avancé, il devient presque jaune.

Pour ces gris perle vous emploierez la même couleur que pour les gris perle de la figure; ajoutez-y très peu de bleu pour les yeux des modèles jeunes. Pour les modèles âgés, employez une très légère teinte de jaune.

L'iris sera fait avec une couleur transparente ombrée ensuite, et enfin terminé avec du blanc de Chine.

Faites toujours la pupille avec une couleur foncée, et le point blanc placé en dernier lieu.

Si les yeux sont noirs ou bruns, les lumières seront formées avec de l'ocre rouge et du blanc de Chine pour les premiers, et de la teinte neutre ou pourpre avec du blanc pour les seconds.

Quelques peintres aquarellistes ou miniaturistes ont l'habitude de rehausser le teint du visage en formant des hachures affectant la forme de carrés dans des directions variées; ils remplissent après les interstices en pointillant. Cette manière donne de la hardiesse au travail.

D'autres, au contraire, finissent avec des hachures, et les coups de pinceau qu'ils donnent ressemblent beaucoup aux lignes fines d'une gravure, en suivant autant que possible la direction des muscles.

Mais on ne doit avoir recours à ces moyens que pour terminer. Si vous commencez trop tôt avec les hachures, il vous sera impossible de renforcer certaines parties; votre travail sera dur, sec, et manquera totalement de caractère.

Lorsque les tons de chairs seront suffisamment

rehaussés, c'est-à-dire lorsqu'ils ressembleront autant que possible aux tons de l'original, passez aux tons gris perle et aux tons d'ombres ; étendez-les de la façon la plus pure et la plus transparente possible.

Travaillez d'une main légère, afin de ne pas détruire les tons placés d'abord. Ceux-ci ne doivent pas être mêlés avec ceux que vous allez placer : autrement, ils perdraient toute leur transparence. Ces tons gris perle ne sont pas destinés à cacher la couleur locale, ils doivent être placés en glacis par-dessus cette couleur locale.

Dans la peinture à l'aquarelle des portraits de dames, vous observerez que le cou est toujours d'une couleur plus claire que la figure et qu'on y remarque davantage les teintes couleur gris perle. C'est pour cette raison qu'il faudra placer les tons de chairs plus clairs sur le cou que sur la figure.

Remarquez que la fusion délicate de ces tons gris perle dans les chairs et les ombres donne de la douceur et de la rondeur à l'exécution.

Les paumes des mains et les extrémités des doigts sont généralement d'une teinte rose ; les dessus des mains sont d'une teinte plus claire. Cependant, ne faites pas les dessus des mains par trop blancs.

Mais, dans bien des cas, cet avis sera inutile :

car, malheureusement, les photographies sont souvent foncées et dures, à tel point qu'on est dans l'obligation de les éclairer considérablement.

A la fin de votre travail, après avoir fait des hachures ou pointillés, vous pourrez retourner l'épreuve la tête en bas, par exemple, et combler les interstices ou manques que vous remarquerez dans cette position : vous obtiendrez de cette manière un travail plus fini.

Le peintre coloriste aura toujours beaucoup plus de succès si son travail est doux et brillant en couleurs. Le public est généralement ignorant, et son premier soin est d'examiner attentivement si le travail est bien fini et bien égal. Pour le satisfaire davantage, vous pourrez placer votre peinture sur une glace très épaisse, parfaitement plane, et frotter sur le derrière avec un brunissoir en ivoire.

Cette opération de brunissage bouchera les pores du papier et lui donnera un aspect plus ferme.

Prenez soin de ne pas faire de trous dans votre peinture, en faisant cette opération.

Lorsque vous penserez que la figure est presque terminée, vous donnerez quelques touches vigoureuses aux yeux, à la bouche, aux narines, pour donner le fini à votre œuvre.

Si la photographie que vous avez à peindre est foncée, ce travail sera bien exécuté avec un mélange de sépia et de laque pourpre en proportions presque égales; si la photographie est claire. n'employez que très peu de sépia dans ce mélange.

Les ombres qui se trouvent généralement sous le nez peuvent être éclairées avec du brun Van Dyck; employez judicieusement ce moyen.

Le fond, les cheveux, les draperies réclameront ensuite votre attention.

Avant de terminer la chevelure, il faudra nécessairement compléter le fond, de façon que les cheveux ne se mêlent pas avec la couleur de ce dernier. Terminez le fond légèrement (*voir* le Chapitre sur les fonds). Quand il sera achevé, donnez les dernières touches aux parties d'ombres des cheveux et placez les hautes lumières (*voir* le Chapitre sur les cheveux).

Une solution d'eau gommée est employée par quelques peintres sur photographies; n'en faites usage que si cela est absolument nécessaire.

Si votre travail a un aspect lourd dans certaines parties, vous pourrez employer un peu de cette solution de gomme pour les yeux, les ombres, et certaines parties des lèvres, des cheveux et des sourcils. Vous pourrez aussi mêler un peu de cette solution avec les couleurs que vous emploierez pour les dernières touches.

Faites usage de la solution de gomme comme

un vernis léger, mais n'exagérez pas, car le résultat serait vulgaire et désagréable.

Rappelez-vous qu'il y a deux sortes d'ombres dans une figure : les ombres projetées (c'est-à-dire celles qui sont produites par une chose sur une autre, l'ombre projetée du nez par exemple) et les ombres qui sont causées par le rapprochement ou l'éloignement de la lumière des différents objets.

Il est admis comme règle que les premières sont plus définies que les secondes.

Les ombres projetées sont généralement chaudes ; leur couleur s'approche du rouge et de l'orange, mais tout autour de ces ombres se trouvent d'autres nuances plus délicates, froides et bleuâtres.

Évitez la dureté dans la figure ; souvenez-vous que la chair est une chose molle, palpitante, couverte partout par un duvet délicat.

Faites un trou dans un morceau de bristol blanc. placez ce trou entre vous et un miroir. Si vous regardez de près et attentivement, vous observerez combien est pure la couleur de chair dans la figure ; elle est presque toute grise, ou, pour mieux dire, de différentes teintes grises. verdâtre dans certaines parties, pourpre dans d'autres.

Les yeux demandent une grande attention. Si l'œil est brun. il ressemblera probablement dans la photographie à une tache noire opaque. S'il en est ainsi, prenez un peu de couleur chrome orange et couvrez-le hardiment partout. Quand cette teinte sera sèche, mettez la pupille à sa place, donnez-lui sa propre forme en consultant pour cela votre épreuve-guide; indiquez ensuite les points lumineux, si les yeux sont placés dans une position telle qu'on doit les apercevoir. La ligne de contour de l'iris peut être faite généralement un peu plus grande que dans la photographie. Les grands yeux sont plus beaux que les petits.

Les yeux bleus seront faits avec du bleu de Prusse. Si l'œil est d'un bleu violet, employez de l'outremer : les lumières réfléchies un peu plus chaudes.

On remarquera que les ombres sous les yeux sont souvent trop foncées ; ces ombres seront bien éclairées par un mélange de chrome orange et de blanc.

L'ombre autour des ailes du nez est souvent trop forte : ceci donne à la figure un air impérieux et arrogant. La ligne partant du nez au coin de la bouche est souvent trop indiquée, ainsi que les lignes qui la contournent. Les ombres des coins de la bouche sont souvent si noires et si larges qu'elles la font voir plus grande qu'elle ne l'est réellement. Ces ombres devront être éclairées et les coins réels de la bouche indiqués en les relevant un peu.

L'espace qui se trouve entre la lèvre supérieure

et le nez sera un peu couvert avec une teinte gris perle. Cette partie est généralement trop blanche.

Quelques explications complémentaires sur la peinture de la figure nous semblent fort utiles.

Il nous paraît à peine nécessaire d'établir que les portraits de dames et d'enfants doivent, pour la figure, être traités d'une façon plus délicate que les portraits d'hommes.

Revenons sur les yeux, car c'est ici que nous allons être obligés d'employer tout notre jugement. Il est parfaitement facile de dire qu'un modèle à l'œil bleu, ou brun, ou noir; mais ces dénominations sont indéfinies et, pour notre compte, nous avons vu beaucoup de personnes commettre des fautes énormes en s'efforçant à déterminer la couleur des modèles ou en cherchant à déterminer à peu près ce qu'il fallait faire.

Un des grands désavantages du peintre sur photographie, c'est qu'il voit très rarement l'original du portrait qu'il est appelé à peindre. Il y a donc ici un gros travail de conjectures. C'est pour cette raison que l'artiste doit toujours faire tous ses efforts pour avoir une ou deux séances du modèle.

L'artiste inexpérimenté reçoit une description ou un signalement du modèle. On lui dit qu'un tel a les yeux bleus : il place immédiatement sur les yeux la couleur la plus exacte qui correspond au bleu;

Mais il se trompera sans doute, car il y a des yeux bleus de toutes espèces de nuances.

L'iris seul pourra être représenté par du cobalt. Si l'œil est bleu gris, il doit être abaissé de ton par l'addition d'un peu de sépia. Les yeux bruns seront très bien faits avec du brun Van Dyck. La pupille sera toujours mieux indiquée par la sépia que par n'importe quel noir. Les cils et les sourcils seront encore bien représentés avec de la sépia.

Dans la peinture de la figure, il est différentes règles à observer. Les hautes lumières ne doivent jamais être indiquées par une substance opaque éclatante, qu'on achète et qu'on nomme du *blanc;* elles doivent être d'un ton jaunâtre.

Occupons-nous des ombres de la figure, nous verrons que les bords de ces ombres sont gris; mais cette définition est presque insuffisante, car il y a des gris chauds et des gris froids.

Les gris les plus généralement utiles sont formés par un mélange de cobalt, d'ocre rouge, de terre de Sienne naturelle, de rouge indien ou de noir. Les ombres elles-mêmes doivent être faites aussi moelleuses et aussi neutres que possible.

Souvenez-vous que la lumière est l'essence de la couleur, que l'obscurité en est l'absence.

En faisant la peinture d'une photographie, il est de la plus haute importance de préserver son harmonie par l'adoption d'une certaine échelle de couleurs et par son emploi d'un bout à l'autre, jusqu'à l'accomplissement définitif du travail.

Ne perdez jamais de vue (ceci est très important) que le fond doit s'harmoniser avec l'effet de la figure. On peut souvent obtenir d'excellents résultats en fondant dans le fond certaines lignes peu régulières ou disgracieuses de la figure.

Dans la peinture à l'aquarelle, les ombres ne seront jamais bien représentées par des couleurs opaques : elles doivent être transparentes.

Les joues fraîches d'une dame ou d'un enfant sont considérées comme un indice de beauté. Pour les représenter en peinture, ainsi que les lèvres (qui sans couleur sont absolument affreuses), nous emploierons des mélanges de couleurs qu'on appelle des *carnations*.

Elles sont composées de certains rouges, tels que le carmin ou le rose, le rose garance rehaussé de vermillon. Ces couleurs doivent être appliquées par des touches légères de pinceau qui produisent des hachures ou un pointillé. Les lumières doivent être soigneusement respectées, et, lorsqu'il sera absolument nécessaire de les indiquer avec des couleurs opaques, cette partie du travail sera exécutée en dernier lieu par ce qu'on appelle le *fini*.

Nous insistons de nouveau pour recommander de ne jamais placer teinte sur teinte, couleur sur couleur, si les applications précédentes ne sont pas absolument sèches.

Si votre peinture doit être très finement exécutée, la plus grande partie du travail sera complétée par des hachures ou un pointillé.

Sur votre palette de chairs, vous pouvez former une succession de teintes délicates. Combinaisons de cobalt, d'ocre rouge, de Sienne naturelle qui seront parfaitement convenables pour les teints clairs des modèles.

En tous cas, vous devez observer que les rouges devront toujours, dans la figure, être placés les premiers et les teintes bleues par-dessus.

Une règle qu'on doit toujours observer et qui doit être constamment présente à votre esprit, c'est que les ombres doivent toujours être grises dans les bords.

Dans la pratique, nous devons toujours essayer de représenter la nature comme nous la voyons, sans nous arrêter trop strictement à des méthodes particulières.

CHAPITRE VII.

Voici une méthode très facile pour colorier les portraits photographiques sur papier.

Après avoir préparé la photographie que vous désirez colorier à la manière ordinaire, prenez un peu de rose garance ou de carmin, ou une couleur ou un mélange quelconque qui vous permette de peindre les carnations. Placez cette couleur sur les joues avec un pinceau convenable; adoucissez cette couleur sur les bords, en fondant bien la teinte sur la figure avec un autre pinceau qui ne contient pas de couleur. Répétez l'opération plusieurs fois, jusqu'à ce que vous ayez obtenu à peu près l'effet désiré. Nous disons *à peu près,* parce que vous devez ensuite placer une teinte générale de chair sur toute la figure, et que cette teinte viendra diminuer considérablement l'intensité de la première que vous avez placée sur les joues.

Pour obtenir de bons effets et travailler rapidement, il sera bon d'avoir deux pinceaux placés sur le même manche.

On pourra remarquer souvent qu'une seule application de couleur sur les joues sera suffisante. Mais vous obtiendrez un effet bien plus doux en commençant d'abord par une teinte très pâle, en l'appliquant deux ou trois fois, qu'en essayant de la produire en une seule, de l'intensité suffisante, car il est bien plus difficile d'adoucir une teinte forte qu'une teinte faible. Quand la couleur sera bien sèche, étendez la teinte de chair sur toute la figure.

Passez ensuite aux cheveux, aux yeux, aux sourcils, aux lèvres. Passez sur le front, dans les parties convenables, une teinte gris perle et appliquez cette même teinte à toutes les parties de la figure où vous l'observerez dans la nature.

Si la photographie est très foncée, ces tons gris perle seront mis en moins grande quantité que si la photographie est claire.

Ensuite faites le fond par teintes plates; passez ensuite aux draperies.

Revenez maintenant à la figure, renforcez les carnations, les gris et les ombres, si cela est nécessaire, par des hachures délicates par-dessus ces teintes.

Placez les lumières dans les yeux et les touches vigoureuses qui doivent s'y trouver, ainsi que dans les sourcils, la bouche, etc. Terminez par la chevelure.

Dans les photographies foncées ou vigoureuses, les lumières des cheveux seront indiquées avec une couleur opaque, car elles sont généralement plus sombres qu'elles ne le sont en réalité dans la nature.

Indiquez les parties représentant le linge avec du gris, en assombrissant un peu les ombres ; faites les hautes lumières avec du blanc de Chine.

Passez ensuite aux ombres des draperies et, quand vous les aurez renforcées d'une façon convenable, passez un pinceau sec sur les hautes lumières, très délicatement, comme nous l'avons indiqué ci-dessus.

Placez une autre teinte plate sur le fond, si cela est nécessaire, et votre coloris sera terminé.

Vous pouvez encore placer un mélange d'orange, de vermillon et de blanc, suivant le teint du modèle. Cette teinte sera très légèrement passée sur la figure et sur les mains. Voyez ensuite les carnations avec du rose garance ; revenez encore avec la teinte orange si cela est utile, et procédez comme il est indiqué ci-dessus pour terminer.

Ou bien encore, placez dans les carnations une teinte plate de carmin, prenez ensuite de la même couleur et de la gomme-gutte mélangées de façon à former une teinte orange, passez-la sur toutes les ombres, faites ensuite une teinte de chair pâle avec les mêmes couleurs, que vous étendrez sur toute la figure en évitant de la passer sur les ombres. Finissez comme ci-dessus.

Les photographies coloriées à bon marché sont généralement produites par les moyens que nous venons d'indiquer. Le public aime ces photographies coloriées, parce qu'elles sont claires, agréables et brillantes.

Avec un peu de soin, on peut encore satiner à chaud ces photographies et les rendre encore plus brillantes. Dans ce cas, il est absolument nécessaire que tout le travail soit exécuté avec des couleurs transparentes seulement.

Il est cependant des parties qui demandent à être coloriées avec des couleurs opaques, telles que des boutons de métal, des chaînes de montre, des épaulettes, etc.

Vous pouvez colorier le sol avec un mélange de chrome rouge et de gomme-gutte ; faites les ombres avec de la terre d'ombre brûlée, les lumières avec du chrome citron et du blanc de Chine.

Nous pensons que nos lecteurs nous sauront gré de leur donner ici quelques indications complémentaires sur l'art de colorier la tête d'une photographie. Les observations qui vont suivre sont tirées d'un Ouvrage à peu près introuvable aujourd'hui, écrit en 1866 par M. J. Newman.

« En composant sa palette pour les chairs, le peintre en miniature emploie généralement comme couleur locale une teinte de rouge de Venise et de jaune indien. Cela n'est pas précisément ce qu'il faut pour colorier une photographie, puisque la légère teinte jaune qui existe toujours dans les lumières de la plupart des épreuves rend la combinaison trop intense. Comme couche générale lavée, il vaut mieux employer du jaune de Naples avec un peu de garance rose, la légère opacité du jaune de Naples ayant pour effet d'adoucir un peu la dureté des ombres, qui n'est que trop commune dans la plupart des photographies. Il faut ici remarquer qu'on vend deux teintes du jaune de Naples : l'une un peu verdâtre, la seconde plus blanche ; c'est la dernière que nous recommandons ici.

» Commencez par donner aux ombres en retraite du front, des yeux et de la bouche, une couche de gris, composé de jaune de Naples et de cobalt, faisant prédominer la teinte verte ou bleue, suivant que la complexion est fraîche ou foncée. Donnez maintenant une teinte générale de jaune de Naples mêlé de rose garance, produisant un ton pur et brillant et d'une valeur pas trop foncée. Pendant que cette couche sèche, il faut colorier les cheveux ; mais le ton de la photographie modifiera matériellement le choix des couleurs à employer.

» Dans quelques photographies lourdes, il est nécessaire de se servir d'une couleur ayant peu de corps pour les grandes lumières. Il faut maintenant attaquer les sourcils et les cils et former les pupilles au moyen de la sépia, tandis que l'iris sera indiqué par du cobalt et de la sépia, si l'œil est gris ou bleu, et avec de la Sienne brûlée, si l'œil est foncé.

» Les lèvres se colorient au moyen du vermillon et du rose garance, en ayant soin de conserver la lèvre supérieure dans l'ombre. Les lèvres des enfants demandent plus de vermillon, et celles des personnes âgées plus de rose garance, quelquefois presque jusqu'à un ton pourpre. Il faut faire avec du brun garance et du rose garance les ombres qui sont près des narines et de la bouche.

» Les principales ombres du visage peuvent être renforcées avec un mélange de rouge indien, de cobalt, de rose garance et de jaune indien, ou de cobalt et de jaune de Naples; le ton de la photographie et la complexion du modèle guideront le coloriste sur celle de ces couleurs qui doit prévaloir.

» Il est temps alors de relever la teinte générale de chair au moyen de hachures, en se servant d'une couleur légère et aqueuse, en suivant la forme du visage. Pour les teintes brunes, les carnations doivent être rehaussées au moyen du rouge indien. Si l'on n'a pas besoin d'un travail extrêmement fini, on termine la tête en rehaussant la couleur sur les joues avec du vermillon et du rose garance. »

Nous remarquerons que, par toutes ces méthodes de coloris, la plus grande partie du travail est faite en teintes plates. L'effet produit sera agréable s'il est fait avec intelligence, mais il ne produira jamais une œuvre sérieuse et finie, comparable aux résultats obtenus avec la méthode de Peinture à l'aquarelle que nous avons démontrée dans les Chapitres précédents.

DEUXIÈME PARTIE.

LA PEINTURE A L'HUILE APPLIQUÉE AUX PORTRAITS PHOTOGRAPHIQUES SUR PAPIER.

CHAPITRE VIII.

MATÉRIEL A EMPLOYER.

Il est convenu généralement qu'une photographie peinte avec des couleurs à l'huile a plus de valeur qu'une photographie peinte par tout autre procédé. A notre avis, c'est une erreur; car nous pensons qu'une photographie peinte avec des couleurs à l'huile ne doit pas être plus solide qu'une photographie peinte sur le papier avec des couleurs à l'aquarelle.

Certainement, les changements ou les soulèvements de couleurs se déclareront d'eux-mêmes dans les deux cas : c'est le fait de toutes les peintures. Après tout, le mérite d'une œuvre peinte ne consiste pas seulement dans la qualité des matières employées pour la produire, mais bien dans l'habileté et le talent déployés, quels que soient les moyens d'exécution.

Il est de règle d'appliquer la peinture à l'huile aux photographies de grande dimension. La raison de ceci tombe sous le bon sens : les petites photographies sont généralement examinées à la main et regardées de près; les grandes photographies, au contraire, sont destinées à être accrochées aux murs ou posées sur un chevalet; elles sont, dans les deux cas ci-dessus, examinées à une certaine distance.

La nature des substances employées dans la peinture à l'huile rend les surfaces un peu rudes. Il y a cependant des cas où certains artistes ont acquis par la pratique une si grande dextérité dans l'exécution que nous pourrons remarquer et apprécier quelquefois certaines photographies peintes à l'huile, présentant toutes les finesses, toutes les touches délicates qu'on admire dans les miniatures sur ivoire. Ces exemples sont rares, et la quantité de précautions, de patience, de talent qu'il faut déployer pour l'accomplissement d'un tel travail n'est pas toujours rémunérée justement.

Quand vous voudrez peindre une photographie avec les couleurs à l'huile, il est de toute nécessité qu'elle soit bien montée. Les poils qui proviennent des pinceaux, les poussières, les grains de sable ou autres corps nuisibles doivent être enlevés de la colle destinée au montage.

Il est absolument indifférent ou inutile que l'épreuve soit imprimée sur du papier salé ou du papier albuminé; car, dans tous les cas, il faut faire subir à l'épreuve un encollage préalable.

Cet encollage est très simple. Prenez un peu de belle gélatine blanche, laissez-la séjourner dans l'eau jusqu'à ce qu'elle soit gonflée et qu'elle ait absorbé toute l'eau qu'elle est capable de contenir. Chauffez la gélatine au bain-marie et filtrez la solution à travers une épaisseur de flanelle. Étendez la solution sur l'épreuve à peindre avec un blaireau, de la façon la plus égale et la plus unie possible. Laissez sécher complètement avant d'appliquer les couleurs.

Si vous voulez peindre à l'huile une épreuve au charbon, il n'est pas nécessaire de lui faire subir aucune préparation préalable. Les couleurs pourront s'appliquer en gardant tout leur brillant et ne pénétreront pas.

Les épreuves de dimensions moyénnes seront montées sur un carton très fort ou sur un panneau de bois lisse et solide. Les épreuves de grandes dimensions seront mieux collées sur une toile tendue fortement sur un châssis à peindre.

Nous pensons que les différents objets que nous allons décrire seront suffisants pour exécuter la peinture à l'huile sur les photographies.

Voici la liste des couleurs généralement en usage :

Blanc.	Rose garance.
Jaune de Naples.	Outremer.
Ocre jaune.	Cobalt.
Ocre brun.	Bleu de Prusse.
Terre de Sienne naturelle.	Jaune de chrome.
Terre de Sienne brûlée.	Garance pourpre.
Ocre rouge.	Terre d'ombre naturelle.
Rouge de Venise.	Terre d'ombre brûlée.
Vermillon.	Brun Van-Dyck.
Rouge indien.	Terre verte.
Laque pourpre.	Vert Véronèse.
Laque carminée.	Noir d'ivoire.

Ces couleurs sont vendues chez tous les marchands de couleurs, renfermées dans des tubes en métal.

Choisissez deux douzaines de bons pinceaux en soie de porc, du nº 1 au nº 9, le plus grand nombre étant d'assez petites dimensions. Vous pourrez en prendre six du nº 3, car ce sont ceux qui sont le plus souvent employés. Il y a deux espèces de pinceaux, les pinceaux plats et les pinceaux ronds. L'usage des uns et des autres est une affaire de goût.

Il faut aussi vous procurer six pinceaux en martre-zibeline de différentes dimensions et un blaireau assez gros pour adoucir. Un pinceau plat, en poil de chameau, pourra aussi être employé pour adoucir certaines parties du travail.

Un mélange par égales parties d'un bon siccatif, de térébenthine et de vernis copal, sera excellent pour mélanger vos couleurs. Ce médium ou véhicule sèche bien, il donne un bon lustre aux couleurs : deux considérations très importantes dans la peinture d'une photographie.

Un appui pour soutenir la main pendant le travail et un chevalet sont absolument nécessaires.

Une petite boîte en étain avec un double fond perforé de trous, aux deux tiers remplie de térébenthine, sera très utile pour tremper vos pinceaux et les laver quand vous ne voudrez pas en changer.

Il vous faut aussi un couteau à palette.

Quand nous faisons une peinture à l'aquarelle, nous frottons ou délayons nos couleurs sur une surface blanche. Dans la peinture à l'huile, il vaut mieux faire le mélange des teintes sur une surface foncée.

Une palette en bois de rose, ou en bois d'érable, ou en bois de noyer, est absolument nécessaire. C'est sur cette palette que nous placerons une certaine quantité des couleurs contenues dans les tubes métalliques. Employez une palette de dimension moyenne.

Lorsque vous aurez terminé de peindre, vos pinceaux seront bien lavés avec du savon et de l'eau chaude. Il ne faut pas cependant qu'elle soit par trop chaude.

Trempez les pinceaux dans l'eau chaude, frottez-les sur un morceau de savon jusqu'à ce qu'il se produise une mousse blanche. Rincez-les ensuite dans de l'eau propre et laissez-les sécher. Une bonne méthode encore est de les laver dans de la benzine.

Il y a deux méthodes distinctes pour peindre les photographies avec les couleurs à l'huile.

La première méthode est un *coloris* léger où les couleurs sont employées largement délayées avec du médium.

L'autre méthode est plus sérieuse et plus difficile : c'est l'exécution d'une véritable peinture à l'huile, par empâtements et épaisseurs de couleurs.

Nous décrirons d'abord la première méthode, qui est la plus facile et qui donnera des résultats très agréables, surtout pour les photographies de dimensions réduites et si elles sont très bonnes.

CHAPITRE IX.

COLORIS AVEC LES COULEURS A L'HUILE.
COLORIS AVEC DES COULEURS A L'AQUARELLE
ET DES COULEURS A L'HUILE.

Coloris avec les couleurs à l'huile.

Pour colorier des photographies avec les couleurs à l'huile, nous procéderons à peu près comme dans le coloris avec les couleurs à l'aquarelle, en employant le médium pour mélanger nos couleurs, aux lieu et place de l'eau.

Prenez un mélange de terre de Sienne naturelle, de vermillon et de carmin. En variant la quantité des couleurs, vous produirez la teinte de chair que vous désirez.

Passez cette teinte sur toute la figure, sur les mains, etc. Étendez sur les joues très peu de cette couleur mélangée avec un peu moins de médium. Employez de la terre de Sienne naturelle et du blanc avec une légère touche de rouge de Venise, pour les hautes lumières du front et du nez.

Passez une teinte plate sur les cheveux, formée de noir, d'outremer et de rouge de Venise, mé-

8.

langés de telle façon que la couleur forme une teinte bleuâtre neutre. Faites ensuite les demi-teintes avec la propre couleur des cheveux : pour les cheveux noirs, du noir; de la sépia, pour les cheveux bruns foncés; brun Van-Dyck et rouge de Venise, pour les cheveux châtains; ocre de ru et terre d'ombre brûlée pour les cheveux blonds, et ainsi de suite, en réchauffant les ombres profondes avec un peu de brun et d'orange.

Le fond sera traité de la même manière, avec des couleurs transparentes si cela est possible; autrement, il faudra le faire avec une couleur opaque.

Dans le premier cas, une teinte plate transpa-rente de terre de Sienne naturelle sera placée sur toute la surface en réchauffant les ombres du fond avec de la terre de Sienne brûlée.

Dans une photographie coloriée à l'huile, le reste de la photographie est tellement uni qu'il est abso-lument nécessaire que le fond soit aussi nettement uni, c'est-à-dire traité de la même manière.

Si le fond doit être opaque, il faudra le faire en premier lieu, car vous serez presque certain de tacher un peu la figure et les draperies. Ceci est cependant de peu d'importance, car les taches ou souillures peuvent être enlevées avec un pinceau trempé dans la térébenthine.

Un bon mélange pour une couleur de fond

pourra être fait avec de la terre d'ombre naturelle, du noir d'ivoire et du blanc en proportion convenable pour former une teinte verdâtre (pas par trop verte cependant).

A cette teinte, vous ajouterez un peu de médium et, si vous désirez que la couleur sèche très rapidement, vous emploierez un peu plus de siccatif.

Prenez ensuite un pinceau de moyenne grosseur, modérément chargé de cette couleur, et, en commençant par le coin gauche du haut de l'épreuve, couvrez tout le fond de la façon la plus unie possible. Rendez votre teinte un peu plus foncée lorsque vous arriverez vers le bas de la peinture, par l'addition d'un peu plus de terre d'ombre naturelle et de noir.

Tamponnez ensuite tout le fond, en tenant le blaireau dans une position verticale, ainsi que le ferait un ouvrier qui voudrait imiter le verre dépoli avec de la couleur sur un verre ordinaire.

C'est à ce moment que vous trouverez une certaine difficulté pour ne pas tacher la figure. Ce tamponnage produira sur toute la surface une sorte de texture ou grain très agréable. Ceci est très avantageux dans les peintures de dimensions un peu grandes.

Si l'épreuve est petite, si vous désirez obtenir une surface unie, vous pourrez encore arriver à ce résultat en passant très faiblement le blaireau sur toute la surface.

Les autres parties de la figure, ainsi que les draperies, seront traitées absolument de la même manière que dans la peinture à l'aquarelle, en employant le médium à la place de la gomme. Toutes ces parties seront peintes de préférence avec des couleurs transparentes.

Dans l'emploi des couleurs à l'huile, vous remarquerez que vous aurez de très grandes facilités pour éviter la dureté.

Veillez à ce que les draperies soient adoucies dans leurs contours sur le fond, que la tête ne se détache pas d'une façon dure, et n'enlevez pas ou ne couvrez pas certaines mèches ou boucles de cheveux qui se trouvent autour de la tête.

Une photographie peinte par la méthode qui nous occupe doit être produite d'un seul coup, sans y revenir. A cet effet, le médium sera employé abondamment dans toutes les teintes, afin de les faire ressortir convenablement.

Si, en séchant, quelques teintes vous semblent trop sombres ou trop lourdes, passez sur ces parties une couche de médium et, si cela est nécessaire, ces parties lourdes ou trop sombres seront rehaussées avec de la couleur.

Coloris avec des couleurs à l'aquarelle et des couleurs à l'huile.

Nous allons maintenant décrire une autre méthode pour colorier les photographies en combinant le coloris obtenu avec les couleurs à l'aquarelle et celui qui est obtenu avec les couleurs à l'huile.

Cette méthode donne souvent d'excellents résultats. Elle consiste à colorier d'abord la photographie avec des couleurs à l'aquarelle et ensuite, si c'est une épreuve sur papier salé, sur papier albuminé ou sur papier platinotype, à encoller l'épreuve deux fois en la laissant flotter sur une solution de gélatine un peu chaude. Lorsque cet encollage sera parfaitement sec, étendez sur toute la surface de l'épreuve une couche de médium.

Examinez ensuite soigneusement l'épreuve et vous verrez que vous pourrez continuer à peindre sur cette nouvelle surface avec des couleurs à l'huile transparentes ou opaques.

On peut obtenir des effets charmants en employant cette méthode, spécialement si le coloris à l'aquarelle a été exécuté d'une façon convenable, c'est-à-dire en faisant les ombres profondes ni trop claires ni trop foncées, de façon à pouvoir les augmenter ou les diminuer par des teintes de couleurs à l'huile.

Vous pourrez faire usage d'un peu de couleur

épaisse pour les hautes lumières de la figure, des cheveux, des plis des draperies, en employant largement le médium ou tout au moins en quantité suffisante pour assurer un séchage et un lustre convenables.

Ces photographies peintes peuvent être encadrées comme des tableaux, et leur aspect est charmant.

CHAPITRE X.

LA PEINTURE A L'HUILE APPLIQUÉE AUX PORTRAITS
PHOTOGRAPHIQUES. — L'ÉBAUCHE. — LA PEINTURE. — LE FINI.

La peinture à l'huile appliquée aux portraits photographiques.

Avant tout, nous devons nous rappeler que l'art de peindre ne peut être enseigné ou acquis en consultant seulement les meilleurs Traités écrits par les maîtres les plus renommés.

Nous fournirons dans ce Chapitre, aux commençants, des indications très utiles dans l'art de peindre à l'huile les photographies. Quelques leçons données par un artiste expérimenté et un travail assidu feront bien certainement beaucoup plus que tous les Traités qu'on pourrait écrire.

Il est généralement admis qu'une peinture à l'huile doit être exécutée en trois opérations différentes : l'ébauche, la peinture et le fini. La raison de ceci, c'est que les couleurs à l'huile doivent sécher pendant un temps assez considérable avant l'application d'autres teintes. Il n'en est pas de même dans la peinture à l'aquarelle, car l'artiste n'est pas obligé d'attendre aussi longtemps pour le séchage des couleurs; il peut travailler à loisir, depuis le commencement jusqu'à la fin de son œuvre. Avec les couleurs à l'huile, cela est complètement différent et, si vous voulez qu'elles sèchent rapidement, il faut employer beaucoup de siccatif, et de son abus peut résulter souvent le soulèvement des couleurs.

En premier lieu, nous faisons l'ébauche, c'est-à-dire que nous plaçons nos couleurs à leur place, de façon à produire un bon effet général; nous faisons ensuite la peinture et nous terminons par le fini. Un intervalle de deux jours est généralement nécessaire entre chaque opération.

Nous insistons sur cette dernière observation, non seulement au point de vue de ses avantages matériels, mais aussi parce que les yeux sont éloignés du sujet sur lequel ils ont été fixés pendant longtemps. Après un certain temps, les yeux reviennent à la peinture et remarquent des défauts ou certaines particularités qui n'avaient pas attiré l'attention d'abord.

Avant d'entrer dans les indications pratiques pour l'usage du matériel que nous venons de décrire ci-dessus, il est bon de faire quelques remarques essentielles.

La peinture d'un portrait limite les facultés de l'artiste; car ici il faut compter avec la ressemblance, l'imitation des formes, des couleurs et des traits caractéristiques du modèle qu'on doit représenter.

Les épreuves photographiques aux sels d'argent ou autres, destinées à être transformées en peintures à l'huile, doivent être le fondement sur lequel on doit appliquer les couleurs; pour le peintre en photographies, ceci est en tous points semblable à l'esquisse faite par l'artiste. Il faut cependant remarquer que le relief des traits caractéristiques et de la tête en général dépend de la manière dont le modèle a été éclairé dans l'atelier du photographe.

Avec les modèles hommes, on a l'habitude de produire des effets de lumière plus puissants que ceux qu'on recherche pour les portraits de dames ou d'enfants.

Il est certainement très difficile d'indiquer ici avec des mots tout ce qui peut être démontré par quelques leçons; mais nous pensons que le commençant aura l'intelligence suffisante pour comprendre l'adaptation des couleurs; c'est ici qu'il sera bon pour lui d'étudier la nature.

Pendant l'achèvement de notre Livre (qui est sans prétention, croyez-le bien), nous avons lu, commenté les idées d'un grand nombre d'auteurs, idées excellentes sans doute; mais, dans leurs Ouvrages, nous avons aussi trouvé beaucoup de mots et peu

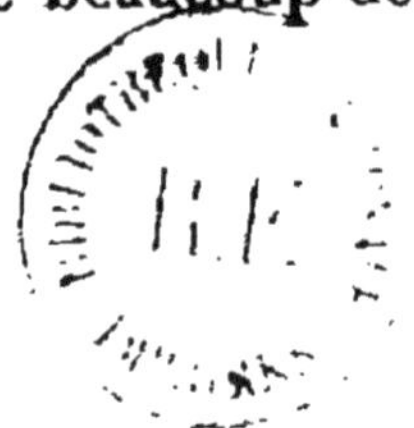

d'instructions pratiques; nous nous efforcerons toujours de vous indiquer les dernières.

Dans la peinture à l'huile vous pouvez peindre en épaisseur, ou par teintes très légères : en transparence sur les parties opaques, avec des couleurs opaques ou semi-opaques sur des parties transparentes, comme une ébauche, ou d'une manière finie.

Les parties chargées avec de la couleur en épaisseur sont appelées *empâtées*. Celles qui sont minces, les couches légères de parties transparentes placées les unes sur les autres, ou sur des parties spécialement préparées pour les recevoir, sont appelées des *glacis*.

L'Ébauche.

L'exécution de l'ébauche d'une peinture à l'huile est très importante. Il est inutile pour cette opération de placer beaucoup de couleurs sur la palette. Du blanc, de l'ocre jaune, de l'ocre rouge, de la terre de Sienne naturelle, du jaune de Naples, du vermillon, du rose garance, du brun Van-Dyck, du noir d'ivoire seront les couleurs généralement employées.

Les couleurs, dans l'état où on les achète chez les marchands, sont dans de bonnes conditions pour l'exécution du travail.

Les liquides employés pour délayer les couleurs

sont appelés *véhicules* ou *médium*. Chaque peintre a ses préférences à ce sujet. Les uns emploient un mélange de siccatif avec de la térébenthine ; d'autres emploient de l'huile mêlée avec certains vernis. Cette dernière combinaison est très appréciée par quelques amateurs, en raison des effets brillants qu'elle produit rapidement. Mais, malheureusement, tous ces mélanges ont le mauvais côté d'être nuisibles aux qualités de conservation des couleurs.

Vous voulez faire l'ébauche d'une tête, par exemple ; mélangez sur votre palette des teintes différentes, formées avec du blanc et un peu de terre de Sienne naturelle ; ou du blanc avec du rouge de Venise ; ou du blanc, du rouge de Venise ; de la terre d'ombre naturelle et du blanc ; de la terre d'ombre naturelle avec du rouge indien ; du vermillon avec du blanc ; un glacis de terre d'ombre naturelle avec du rouge de Venise.

Avec ce dernier mélange, si la photographie est passablement vigoureuse, glacez les ombres profondes.

Ceci est simplement un moyen d'un grand secours pour les commençants. Il leur servira de guide pour placer les autres teintes.

Ensuite, placez les hautes lumières avec du blanc et de la terre de Sienne naturelle et très peu de médium. Respectez la forme et l'importance de ces hautes lumières, en vous conformant pour cela à la seconde épreuve guide que vous avez près de vous. Placez ces couleurs en épaisseur, c'est-à-dire en empâtement.

Certains artistes obtiennent ces effets d'une façon convenable, en plaçant la couleur avec le couteau à palette. Ne cherchez pas à faire trop égal et trop uni ; laissez se présenter à l'œil les marques du pinceau, surtout si le travail que vous exécutez est d'une dimension un peu grande.

Auprès de ces grandes lumières, placez du rouge de Venise, du blanc et un peu de terre de Sienne naturelle ; à côté du précédent, placez du rouge de Venise, du blanc et de la terre d'ombre naturelle ; ensuite de la terre d'ombre et du blanc ; ensuite, pour les ombres profondes, du rouge indien, de la terre d'ombre brûlée et plus ou moins de blanc selon l'épaisseur désirée.

Consultez toujours votre épreuve guide. Ne gâchez pas vos teintes, laissez-les s'adapter les unes aux autres.

Le résultat pourra vous sembler disparate. Ne vous tracassez pas. Avant tout, faites vos teintes pures, et que vos tons soient toujours plutôt chauds que froids.

Ne vous pressez pas, pour faire vos teintes d'ombres aussi foncées que vous le désirez. Placez hardiment les carnations avec du blanc et du vermillon sur les joues, sur les lèvres et, chez certains modèles, légèrement au menton et au-dessus des sourcils.

Les ailes du nez sont souvent un peu rouges chez les hommes qui se trouvent souvent au grand air.

Examinez bien si le reste de la figure est assez monté en couleur.

N'employez pas le vermillon pour l'extrémité du nez.

Le lecteur observera que nous avons recommandé de placer en premier lieu un glacis dans les ombres profondes, avec de la terre d'ombre naturelle et du rouge de Venise, et ensuite de les laisser pour passer aux hautes lumières, puis aux ombres les plus profondes qui, à ce moment, peuvent être très convenablement indiquées avec de la terre d'ombre naturelle, du rouge indien et du blanc.

Ce même mélange peut être employé en glacis.

Les yeux seront largement indiqués, la pupille avec un peu de brun Van-Dyck, par exemple.

Les yeux bleus seront indiqués avec un mélange grisâtre composé d'outremer, de rouge de Venise, de terre de Sienne naturelle et de blanc.

En passant, nous dirons que le blanc doit être largement employé dans toute l'ébauche. Pour les yeux gris bleuâtres, employez plus de jaune ; pour les yeux couleur noisette, un mélange convenable de terre de Sienne brûlée, de terre de Sienne naturelle et de blanc.

Les sourcils seront ébauchés avec un mélange rougeâtre de terre d'ombre naturelle, de rouge indien et de blanc.

Les cheveux seront ébauchés en masses, sans s'inquiéter des petits détails qui s'y trouvent. Indiquez les lumières froidement; les demi-teintes de la couleur réelle de la chevelure. Faites les ombres chaudement.

Pour les cheveux noirs, les lumières seront faites avec du noir et du blanc, avec une touche de rouge de Venise; les demi-teintes avec du noir, du blanc et de la terre d'ombre naturelle; les ombres avec du noir, de la terre d'ombre brûlée ou de la terre de Sienne brûlée.

Pour peindre les cheveux bruns, le noir, le blanc, de la terre de Sienne brûlée et de la terre d'ombre naturelle vous donneront une très grande variété de nuances. Nous donnons ici des règles générales.

Toutes ces nuances doivent varier naturellement avec les différents modèles, et le commençant qui voudra observer les découvrira facilement de lui-même.

Dans les cheveux châtains, les lumières sont pourpres : du blanc, du noir et de la laque carminée. Les demi-teintes seront faites avec du brun

Van-Dyck, du blanc et une touche de terre de Sienne brûlée. Les ombres profondes seront mieux formées avec le même mélange, mais moins de blanc et plus de terre de Sienne brûlée.

Les cheveux blonds seront faits avec de la terre d'ombre naturelle, de l'ocre de ru et du blanc pour les demi-teintes; les lumières, avec le même mélange et un peu plus de blanc; les ombres, avec de la terre d'ombre brûlée et du blanc.

Les cheveux blonds dorés peuvent être faits avec le même mélange de couleurs que ci-dessus, en ajoutant une plus grande proportion d'ocre de ru et de terre d'ombre brulée.

Pour les cheveux gris, employez le noir, le blanc, le rouge de Venise, avec plus ou moins d'ocre de ru, selon que le gris est d'un ton chaud ou froid.

Les lumières des cheveux gris argentés seront parfaitement rendues par du noir pur et du blanc.

Il faut ensuite vous occuper des draperies.

Si la draperie est noire, étendez sur la surface un mélange de rouge indien et de Sienne brûlée.

Il peut être admis, en principe, que toutes les draperies ou presque toutes les draperies devront être peintes avec une teinte locale chaude. Ceci peut être obtenu de deux manières différentes : la première consistant à modeler avec cette teinte chaude, c'est-à-dire indiquer les lumières, les ombres et surtout les plis; la seconde, au moyen d'une teinte forte et unie partout où la draperie doit paraître.

Les draperies vertes seront ébauchées avec du jaune, ou du pourpre et du rouge; il est bien certain qu'en employant un de ces moyens, on obtiendra de bons résultats.

Si votre travail doit être exécuté rapidement, les draperies pourront être ébauchées d'un seul coup. Il est préférable, cependant, de commencer par les ombres profondes, en employant toujours une couleur chaude pour le mélange.

Pour les draperies noires, faites usage du noir et de la terre de Sienne brûlée (le blanc doit être exclu). Avec ce mélange, placez rapidement les ombres les plus profondes.

N'employez pas un pinceau trop petit; pour ce travail, un pinceau plat est préférable.

Préparez ensuite une teinte presque noire avec un peu de blanc (comme la dernière indiquée), mais juste avec assez de terre d'ombre naturelle pour empêcher de donner un aspect couleur pourpre; peignez ensuite dans les ombres profondes.

Notez qu'il vaut mieux peindre à travers les ombres par une série de coups de pinceau courts, que de produire les ombres par des coups de pinceau longs.

En consultant l'épreuve photographique guide, il n'est pas nécessaire de copier exactement tout ce qui s'y trouve.

Si le vêtement d'un homme est mal ajusté sur la poitrine, par exemple, enlevez ces plis malencontreux; dans ce cas, vous pourrez remédier à beaucoup d'imperfections.

Dans les vêtements de dames, certains plis disgracieux ou anguleux peuvent être enlevés, et la taille, trop large ou trop épaisse, peut être amincie ou modifiée.

Examinez soigneusement l'épreuve photographique. Si elle est vulgaire, que votre goût naturel en étudie les raisons. C'est souvent d'une draperie mal ajustée ou placée que provient le défaut; il vous sera facile d'y remédier.

Étudiez d'après nature; consultez votre épreuve guide.

A ce moment, la photographie sera entièrement couverte par la peinture. Laissez-la sécher pendant deux jours. Prenez un canif ou un grattoir bien tranchant et faites disparaître toutes les aspérités de couleurs évidentes ou désagréables à l'œil.

Toutefois, n'exagérez pas cette opération; surtout, dans les parties empâtées de la peinture. n'enlevez pas trop les marques ou touches du pinceau.

Des aspérités légères dans les hautes lumières produiront difficilement un effet lumineux ; il vaut mieux obtenir cet effet par un travail un peu lisse ou uni.

La raison en est que les petites proéminences de couleurs cachent la lumière. En outre, la chair n'est pas une surface douce et unie comme de l'albâtre, mais une substance molle, fléchissante et palpitante ; pour en atténuer la rudesse, que le lecteur se souvienne qu'elle est couverte partout d'un léger duvet.

La Peinture.

Nous arrivons maintenant à la partie la plus difficile de notre tâche et nous allons nous efforcer de traiter ce sujet de la façon la plus compréhensible.

En premier lieu, hâlez sur votre peinture ; si la trace de votre respiration disparaît complètement, c'est qu'elle est sèche. Prenez ensuite un morceau de peau de chamois que vous aurez préalablement trempé dans l'eau. Tordez cette peau de chamois avec la main, de façon à en exprimer l'eau le plus possible ; frottez bien votre peinture ; attendez qu'elle soit sèche.

Prenez ensuite un pinceau un peu large, étendez une couche légère de siccatif sur toute la surface de la peinture ou une couche légère de médium, si celui-ci n'est pas trop épais. Nous recommandons pourtant le premier moyen.

Après cette opération, vous remarquerez que chaque touche se fera très aisément et s'incorporera avec les teintes placées en dessous.

Nous avons connu des artistes qui se plaignaient que l'emploi du médium, pour ce but, ramollissait les tons de dessous, quand celui-ci contenait de la térébenthine.

A notre avis, ceci est plutôt un avantage.

Examinez ensuite attentivement la figure de votre peinture, et voyez si le ton de chair est trop rose ou trop jaune. Dans le premier cas (et cela sera presque toujours ainsi), prenez du médium légèrement coloré par l'addition d'une petite quantité de terre d'ombre naturelle et passez-la sur toute la figure, excepté sur le blanc des yeux.

L'effet produit sera merveilleux ; l'épreuve viendra en avant et mettra les teintes en harmonie.

Si vous voulez donner à votre peinture un beau ton de chair, un glacis de rose garance ou de vermillon, ou un mélange de ces deux couleurs vous donnera un très bon résultat.

Prenez maintenant un peu de terre de Sienne naturelle, du blanc et du rouge de Venise (un mélange moins épais que celui qu'on a employé pour la première application), et faites les hautes lumières. Placez ensuite un glacis sur les ombres avec des teintes appropriées : les ombres profondes d'abord, avec un glacis de rouge indien pur, ou les premières couleurs mêlées ensemble selon les circonstances. Ceci ne peut s'apprendre que par l'expérience. Essayez l'une d'abord, l'autre ensuite, en essuyant la couleur après chaque essai avec un chiffon.

Les ombres moyennes et profondes ne doivent pas être trop fortes ni trop chaudes. Vous pourrez donner un très léger glacis de terre verte dans toutes les parties où doivent se trouver les ombres gris perle, aux tempes, à la racine des cheveux, etc.

Les tons de chairs demanderont ensuite à être réchauffés avec des teintes variées de rouge de Venise et de blanc, ou de terre d'ombre naturelle, de rouge de Venise et de blanc, ou de terre d'ombre naturelle et de blanc. Lorsque ces couleurs paraîtront d'un ton peu uni, elles seront fondues ensemble à l'aide de touches appropriées.

Examinez soigneusement les touches de couleurs épaisses près des yeux. Veillez à obtenir exactement la nuance des paupières. La ligne qui court le long du sommet de la paupière supérieure est une chose à laquelle vous devez prêter grande attention. Notez soigneusement où elle est faible et vague, où elle commence à perdre sa valeur et où elle devient vigoureuse et bien définie.

Indiquez ce que nous venons de dire avec de la terre d'ombre naturelle et du rouge indien. Chez certains modèles, où les parties environnantes sont très foncées, employez du noir et du rouge indien ou de la sépia et du rouge indien.

Vous remarquerez entre l'œil et le nez, à son coin inférieur, une teinte gris bleuàtre. Vous la produirez très bien dans les figures de femmes et d'enfants avec une couleur bleu cendré d'outremer ou avec un gris bleu neutre.

Consultez votre épreuve guide pour la forme de la pupille et de l'iris. Vous pouvez cependant les représenter toujours un peu plus grands.

Les bords extrèmes et les parties les plus sombres au-dessous des paupières seront faites avec de la couleur locale ou de la couleur bleue pour les yeux bleus et les parties transparentes un peu réchauffées.

Les yeux couleur noisette seront faits avec de la couleur orange et un brun chaud. Les ombres dans les parties foncées seront produites avec du brun Van-Dyck mélangé abondamment de médium et d'un peu de siccatif, car le brun Van-Dyck sèche difficilement, de même que le noir d'ivoire et le rose garance.

Cette dernière couleur est peut-être celle qui se sèche le moins vite; mais on l'emploie beaucoup, parce qu'elle est solide.

A ce moment, il sera très bon, sans doute, de placer un glacis de rose garance sur les joues et les lèvres.

Examinez les points lumineux des yeux, ne les faites pas trop grands. Ils n'affectent pas la forme d'une tache ronde, ils sont généralement d'une forme triangulaire ou en forme de poire; saillants et brillants du côté le plus large, un peu moins sur les côtés les plus petits.

En renforçant les couleurs du nez, indiquez les hautes lumières d'une façon claire et vigoureuse dans certaines parties, baissez-les un peu de ton dans d'autres.

Consultez votre épreuve guide.

Indiquez les narines avec fermeté.

Les ombres des oreilles sont généralement d'une teinte rouge, qui a pour cause la semi-transparence du cartilage qui les compose.

Étudiez attentivement la ligne entre les lèvres.

A ce moment, il faut produire des détails dans les cheveux. Dans certains cas, il sera bon, avant de commencer, de placer un glacis de brun ou de gris neutre. C'est sur ce glacis qu'il faudra peindre avec soin et délicatement tous les petits détails.

Lorsque vous ferez la peinture d'une chevelure de dame, si cette chevelure est rude et grossière, faites-la plus unie et plus brillante. Si vous l'avez produite par trop unie, il vous sera facile d'y remédier en plaçant quelques touches foncées dans les parties claires et quelques touches claires dans les parties foncées.

Il faut maintenant peindre les draperies sur l'ébauche que vous avez produite avec des couleurs appropriées.

Voyez ce que nous avons déjà dit au sujet des draperies noires.

A cette phase de la peinture, les draperies de couleur peuvent être hardiment définies (soigneusement cependant, en ce qui concerne le dessin et les détails) avec des couleurs en rapport avec l'ébauche déjà produite.

Les draperies cramoisies peuvent être peintes avec une couleur s'approchant de l'écarlate; les draperies vertes, plus jaunes qu'on ne se proposait de les faire d'abord; les draperies pourpres, plus rouges.

A ce moment, il faut poser un glacis sur le fond et le peindre avec des tons rompus.

Si vous voulez introduire dans le fond un dessin ressemblant à un papier peint, ou toute autre décoration murale, par exemple une fleur de lis, voici comment il faut opérer. Découpez dans un morceau de bristol le dessin à reproduire, de façon à en faire un patron que vous tracerez autant de fois que cela sera nécessaire sur le fond, ce dernier ayant été divisé préalablement en carrés réguliers pour assurer la répétition exacte du modèle. Cette opération se fera parfaitement avec du crayon blanc.

En faisant la peinture des dessins tracés, n'exécutez pas d'une façon trop distincte ; indiquez-en deux ou trois dans la lumière, les autres plus ou moins perdus dans les ombres, quelques-uns complètement vagues, spécialement près des bords supérieurs de la peinture.

Si vous voulez indiquer dans le fond un panneau d'appartement, laissez-le se perdre de lui-même, naturellement, vers le sommet de la peinture et ne le faites jamais ni trop vigoureux ni trop brillant.

Le Fini.

Nous voici arrivés au moment où il faut terminer la peinture. L'accomplissement du travail précédent peut être la cause accidentelle de certains défauts ; des poils de pinceaux peuvent s'être attachés à la peinture, ainsi que des poussières ou de malencontreuses épaisseurs de couleurs. C'est avec le couteau à palette ou avec un grattoir bien aiguisé que vous enlèverez tous ces manques, en grattant légèrement sur la surface de la peinture. Après cette opération, donnez un bon coup d'éponge sur toute la surface et, quand elle sera sèche, placez partout une légère couche d'huile.

C'est maintenant qu'il faudra employer des touches légères, en les faisant aussi transparentes que possible. C'est à ce moment que vous pourrez employer des pinceaux en martre assez petits, semblables à ceux que vous employez pour la peinture à l'aquarelle.

Examinez soigneusement votre travail, en ce qui concerne l'expression, la couleur, le ton, la lumière et les ombres, le dessin et la composition.

Presque toutes les figures sont déparées par quelques défauts dans les traits ou dans le teint. Ils individualisent certainement le sujet, et c'est ici que vous devrez employer tout votre jugement dans l'art de modifier à propos ces mêmes défauts.

Les règles que nous avons données sont générales, et nous devons toujours ne pas perdre de vue que toutes les figures ne peuvent être peintes de la même manière.

Un des plus grands ennuis du peintre photographe, auquel il doit nécessairement s'habituer, c'est que très rarement il est appelé à pouvoir faire poser devant lui le modèle. C'est pour cette raison qu'il est exposé à produire des œuvres que, malgré lui, il traite un peu toutes de la même manière.

Voyez si le fond peut être amélioré par un glacis; car, lorsque les draperies ont été modelées dans leur véritable forme, le fond paraît souvent trop clair.

Examinez encore les cheveux. S'ils vous semblent trop peu travaillés, remédiez hardiment à certaines parties; s'ils sont trop brillants, si les reflets sont métalliques, adoucissez un peu partout, rompez les tons avec des traits de lumière ou d'ombre. Consultez toujours votre épreuve guide.

Voyez si la figure n'exige pas une autre teinte; sinon, voyez les autres défauts.

Avant tout, portez votre attention sur les gris, mettez-les doucement et légèrement à leur place, avec un mélange de vermillon, de terre verte et de blanc, ou d'outremer et de blanc pour les teints délicats. Rehaussez aussi les hautes lumières. Placez un glacis de rose garance sur les lèvres et étendez doucement quelques petites touches de lumières sur la lèvre inférieure.

Les coins de la bouche peuvent recevoir un dernier glacis d'une couleur chaude. Faites de même pour les narines et les ombres sous les sourcils.

Quelques lumières réfléchies seront trouvées sans doute un peu chaudes de ton. Une teinte de terre d'ombre naturelle, plus ou moins étendue, sera employée dans ce cas, et ceci dépendra de celle que vous voulez produire. Si déjà elle paraît trop rouge, un glacis de terre verte est meilleur pour y remédier. Si elle est trop orange, employez du pourpre.

Si les yeux sont ternes, placez un glacis et rehaussez les points lumineux.

La draperie, qui est terminée, aura peut-être séché inégalement dans différents endroits. Placez sur ces parties une faible couche de médium. Une touche ou deux dans les lumières avec de la couleur opaque, avec de la couleur transparente dans les ombres, pourront améliorer beaucoup l'effet. Mais, en employant tous ces moyens pour finir, conservez la transparence, agissez par glacis.

Le commençant ne devra pas se décourager, ce qui arrive très souvent dans les débuts de la peinture à l'huile. Il faut persévérer.

Il peut arriver qu'il ne puisse obtenir l'effet qu'il désire au moyen des trois applications de peinture que nous venons de décrire. Ce nombre n'est pas arbitraire, mais il convient généralement, bien que certains artistes habiles terminent leur peinture en une seule application de couleurs, d'autres en deux applications.

Le vernis à tableaux sera placé sur la peinture quelques mois après, si c'est possible. En attendant, on peut augmenter son brillant par une légère couche d'huile sur toute la surface.

TABLE DES TEINTES POUR L'ÉBAUCHE DANS LA PEINTURE A L'HUILE.

Tons de chairs. — Blanc et ocre rouge. Blanc, jaune de Naples et vermillon. Blanc et jaune de Naples. Blanc, vermillon et ocre rouge.

Gris. Gris perle et demi-teintes. — Blanc, vermillon et noir. Blanc et terre verte. Blanc, noir, rouge indien et terre de Sienne naturelle.

Ombres profondes. — Ocre rouge et terre d'ombre naturelle. Rouge indien, laque et noir.

Carnations. — Blanc et rouge indien. Blanc et rose garance. Blanc et laque.

Tons pour les cheveux.

1° *Cheveux clairs.* — Blanc et ocre jaune. Blanc et ocre de ru. Blanc, brun Van-Dyck (pour les parties foncées). Blanc, terre d'ombre naturelle (pour les parties les plus foncées).

2° *Cheveux foncés.* — Terre d'ombre naturelle et terre d'ombre brûlée. Blanc et terre d'ombre naturelle. Blanc et brun Van-Dyck.

TABLE DES TEINTES POUR LA PEINTURE ET LE FINI DANS LA PEINTURE A L'HUILE.

Hautes lumières. — Blanc et jaune de Naples.

Carnations. — Rose garance et blanc. Rouge indien, rose garance et blanc.

Teintes vertes. — Blanc, outremer avec du jaune. Blanc, terre verte, avec addition d'un peu de terre d'ombre naturelle.

Teintes grises. — Outremer, ocre rouge et blanc. Rouge indien, laque, noir et blanc. Blanc, outremer, rouge indien et terre d'ombre naturelle.

Tons pourpres. — Toutes les laques ou garances avec de l'outremer et du blanc.

Teintes d'ombres puissantes. — Rouge indien, pourpre, laque et noir. Rouge indien, terre d'ombre naturelle et noir.

Couleurs puissantes pour glacis. — Ocre rouge et laque. Brun garance. Brun Van-Dyck, rouge indien et laque.

Couleurs pour les fonds.

Gris perle. — Blanc, vermillon et bleu. Blanc, vermillon et noir. Blanc et noir.

Gris. — Blanc, rouge de Venise et noir.

Jaune. — Ocre jaune et blanc.

Olive. — Ocre jaune, terre verte et terre d'ombre naturelle.

Pierre. — Terre d'ombre et jaune. Noir, blanc et terre d'ombre.

Ciels. — Bleu français et blanc. Bleu français, vermillon et blanc.

Bords des nuages. — Ocre jaune et blanc.

Nuages. — Rouge indien, laque, noir et blanc. Brun garance, bleu français et blanc.

TROISIÈME PARTIE.

PROCÉDÉS DIVERS DE PEINTURE APPLIQUÉS AUX PORTRAITS PHOTOGRAPHIQUES.

CHAPITRE XI.

PEINTURE DES PHOTOGRAPHIES SUR IVOIRE.

Si vous avez une bonne photographie sur ivoire, elle peut certainement être peinte de façon à ressembler *un peu* à une véritable miniature, mais le résultat ne pourra jamais rivaliser avec la *vraie miniature;* car, malgré tout le talent qu'on pourra déployer, elle restera toujours une *photographie coloriée,* car une épreuve photographique sur du papier ou une photographie sur de l'ivoire ont essentiellement la même nature.

Les peintres en miniature font usage très souvent d'un canif ou d'un petit grattoir pour produire des lumières. En agissant de la même façon sur une photographie sur ivoire, on produit non seulement des lumières, mais on enlève aussi une partie de la photographie, ce qui forme une lacune dans l'image.

En résumé, il est réellement de peu d'importance d'avoir une photographie peinte sur de l'ivoire, plutôt que sur tout autre support; car la peinture n'est pas réellement sur la surface de l'ivoire, mais sur la pellicule photographique qui la couvre entièrement.

C'est pour cette raison qu'une· photographie peinte sur ivoire ne pourra jamais être finie comme celle qui sera exécutée sur certains papiers.

Les couleurs ne ressortiront pas aussi brillantes, aussi claires, parce que les fondements ou bases des ombres, des demi-teintes, des chairs, des carnations sont formés par un effet photographique proprement dit, et que les couleurs sont placées seulement à la surface.

Au contraire, sur une véritable miniature, tout le travail est obtenu sur un dessin au trait et une véritable peinture est exécutée sur une feuille d'ivoire transparente et pure.

Si le lecteur veut bien comparer certaines belles photographies peintes sur de l'ivoire avec quelques vraies miniatures exposées dans nos musées, il verra de suite la grande différence qui existe entre ces deux genres de productions.

Cependant, il paraît qu'un certain public aime la photographie peinte sur de l'ivoire (je parle ici de ce public qui pense souvent qu'une chose est très bonne parce qu'elle est d'un prix élevé). C'est pour cette raison, et pour d'autres, que nous allons indiquer les moyens employés pour produire ce genre de peinture, et ces mêmes règles pourront s'appliquer à toutes les photographies transportées sur tous les supports blancs autres que le papier.

Il est absolument inutile de placer aucune préparation sur la photographie sur ivoire avant de la peindre. L'artiste peut commencer immédiatement son travail dans beaucoup de cas, absolument comme s'il voulait peindre une photographie sur papier. Cependant, s'il désire donner à son œuvre l'aspect de la miniature (le plus possible), après avoir appliqué toutes les teintes plates, il fera bien de mêler toutes les couleurs qu'il emploiera avec une solution diluée de gomme arabique et d'eau.

Il ne mettra pas de blanc dans ses teintes de chairs, ce qu'il peut faire fréquemment sur les photographies sur papier lorsqu'elles sont trop foncées.

Il fera ses teintes de chairs avec de l'ocre rouge et de l'ocre jaune pour les teints foncés. Pour les teints moyens, il les fera avec de l'ocre rouge seul ; pour les beaux teints, avec de l'ocre rouge et du vermillon.

Il sera toujours préférable d'étendre d'une seule

fois le ton de chair, et aussi vigoureux qu'il est nécessaire, sans y revenir. Il passera ensuite aux carnations et aux teintes jaunes de la figure; il fera les yeux, la bouche, le nez, etc.

Enfin il continuera par les cheveux, en employant une teinte plate légère, afin de préserver les lumières et les ombres. Il appliquera sur le fond une teinte plate de quelque couleur chaude de ton, pas trop foncée, mais juste assez foncée pour faire ressortir la tête.

Il faut ensuite passer aux draperies.

A ce moment, la surface de la photographie sera couverte généralement avec de la couleur : elle sera dans de bonnes conditions pour recevoir la seconde application de couleurs et le fini.

C'est à ce moment surtout qu'on devra employer les couleurs mélangées avec une solution de gomme arabique et d'eau. Formez une couleur chaude, composée d'un mélange de laque avec un peu de sépia, ou de laque et de jaune, ou de rose garance et de jaune, suivant la teinte de la chair du modèle, car il est évident que les ombres de tous les teints ne peuvent être les mêmes.

Avec un peu de cette couleur, faites ressortir tous les traits de la figure, en indiquant le nez, la bouche, les yeux, etc. Occupez-vous seulement des ombres les plus profondes.

Passez ensuite aux ombres moins foncées, indiquez-les avec une couleur gris perle. Notons en passant que toutes les ombres des chairs, quand elles approchent de la lumière, doivent être adoucies avec un gris perle froid.

Les carnations seront ensuite placées sur les joues, en se rapprochant le plus possible de la teinte qu'elles doivent posséder. On doit les faire avec une teinte claire; elles seront ensuite rehaussées par des hachures légères et un pointillé très fin.

Passez ensuite au fond et rompez sa monotonie par des couleurs variées, de façon qu'il ne soit pas d'une teinte uniforme.

Faites les ombres des draperies et des cheveux, en employant toujours des couleurs transparentes.

Voyez ensuite les yeux; il faut les peindre avec une couleur convenable.

La pupille est généralement bien indiquée avec du noir de fumée.

Le blanc de l'œil sera couvert légèrement avec une teinte gris perle.

Rehaussez les rouges et les jaunes de la teinte de la figure; rendez les lèvres plus brillantes en y passant un mélange de laque et de rose garance. La lèvre inférieure est généralement faite avec du vermillon et de la laque, en rapport avec l'âge et le teint du modèle. La lèvre supérieure sera faite avec de la laque seulement. Vous pourrez y ajouter un peu de vermillon pour cacher ou enlever en partie les ombres données par la photographie.

Un mélange de laque et de rouge indien sera employé pour définir les traits et les lignes des doigts des mains, si elles paraissent dans l'épreuve.

Lorsque la peinture de la figure sera arrivée à ce point, faites des hachures et un pointillé dans les carnations.

Il est rare que le front ne demande pas des hachures délicates de rose garance placées sur le travail déjà exécuté. Ces hachures doivent être courbes et indiquer la forme de l'os frontal. Faites de même pour les joues, le menton, les ailes du nez, les narines, toujours autant que possible dans la direction des muscles.

Si vous observez quelques petites taches jaunes dans la figure, elles seront pointillées.

Dans les portraits de personnes âgées, on rencontre souvent une assez grande quantité de petites parties jaunes dans la figure; elles seront pointillées avec un pinceau en poil de martre particulier, que les miniaturistes emploient pour cet usage.

Comme règle, ne faites pas usage de pinceaux trop petits, excepté pour certains travaux, car leur usage donne à la peinture une apparence dure, dénotant que le travail a été accompli par un commençant.

Lorsque la couleur de la chair et celle des ombres ont été complétées par les hachures et le pointillé, faites une teinte gris perle, composée de cobalt, de rose garance et de terre de Sienne naturelle, pour les teints clairs ; pour les teints foncés, il faut la faire avec du bleu français, de la laque et de la terre de Sienne naturelle.

Avec l'une ou l'autre de ces teintes, arrondissez, affaiblissez les ombres dans la couleur locale.

Les contours de la figure seront partiellement un peu éclairés, là où il y a des ombres, en y passant un peu de teinte gris perle. Ne cachez pas la chair, mettez seulement une demi-teinte autour de la figure et laissez-la passer insensiblement dans le fond.

Les cheveux doivent aussi être adoucis dans le front avec cette teinte.

Vous trouverez encore cette teinte autour et au-dessous de l'œil, du nez, et près de la bouche et du menton, et, comme nous l'avons dit ci-dessus, chaque ombre dans les chairs doit être adoucie. La règle est de produire des ombres chaudes et des gris froids.

Il peut arriver aussi que ces mêmes ombres soient trop chaudes ; dans ce cas, elles seront un peu éclairées avec une teinte gris perle.

Les peintres sur photographies se préoccupent peu de cette teinte gris perle ; ils emploient généralement une couleur de chair, qu'ils s'appliquent à former la plus brillante et la plus agréable possible. Si vous voulez peindre une figure d'une façon artistique, il faut absolument employer ces teintes gris perle.

En réchauffant les ombres de la photographie, ne les couvrez pas entièrement ; il faut les atténuer un peu, lorsqu'elles se trouvent près des lumières ; souvent même, cette teinte gris perle est donnée par les demi-teintes de la photographie elle-même.

L'œil est un trait caractéristique qui demande encore quelques observations.

La partie blanche de l'œil doit être légèrement couverte avec la teinte ci-dessus ; faites la partie colorée de l'iris et ensuite la pupille.

Si vous apercevez sur l'iris des éclats de lumière provenant du centre de la ligne qui l'indique, il faut soigneusement les conserver et les indiquer de façon que l'œil, qu'il soit brun, gris ou bleu, ne ressemble pas à une chose plate en couleur.

Dans le coin de l'œil, il se trouve un petit globule rouge, il faut l'indiquer. Ne négligez pas tous ces petits détails, car ils contribueront à donner à votre peinture un aspect vivant et animé.

La tache blanche qui se trouve quelquefois sur l'iris, quelquefois sur la pupille, sera la dernière touche que devront recevoir les yeux. Quelques touches vigoureuses pourront encore être placées près de la paupière supérieure, juste au-dessus de la pupille.

Nos lecteurs se souviendront que tous les traits doivent se fondre dans la figure; des lignes dures ne doivent jamais définir le nez, les lèvres, etc. : chaque partie doit être légèrement adoucie et arrondie.

Pour terminer le fond et compléter votre travail, agissez par hachures hardies, produisez-les en forme de petits losanges en les faisant dans toutes les directions.

Efforcez-vous de produire un effet atmosphérique autour de la tête, afin que la figure ne semble pas découpée et collée sur le fond.

La tête et la figure sont des parties rondes, elles ne peuvent présenter à l'œil des contours saillants comme les donnent les objets plats.

Si l'artiste désire donner à son œuvre l'aspect d'une miniature sur ivoire, il pourra supprimer toutes les ombres données par la photographie dans les vêtements, etc., et peindre par-dessus avec des couleurs opaques; mais, en employant ce moyen, il trouvera quelque difficulté à rétablir les plis et les détails : à moins qu'il ne sache un peu dessiner, il fera mieux de finir son travail comme on colorie les photographies.

Du reste, les règles que nous avons indiquées pour colorier les photographies sont généralement applicables à la peinture des photographies sur ivoire; et, si nous avons donné les explications ci-dessus, c'est que, en les observant, on pourra obtenir des effets qui se rapprocheront davantage de l'aspect donné par la miniature.

Avec une photographie sur ivoire très claire, la chair, les carnations, les teintes gris perle ressortiront beaucoup mieux que sur une photographie foncée; mais l'effet sera obtenu avec beaucoup plus de travail.

Cependant, nous le répétons encore, si le lecteur possède quelque connaissance du dessin ou de la peinture, la difficulté sera de beaucoup diminuée.

La majorité des photographes veulent produire *eux-mêmes* leurs photographies peintes; mais ils ne connaissent généralement aucune notion de l'art du peintre; ils sont aussi très souvent ignorants des règles de l'art de la composition : leur travail le prouve.

Mais si le photographe est un artiste, s'il pose, s'il éclaire son sujet d'une façon convenable, il pourra employer une impression photographique claire sur ivoire, et exécuter sa peinture en faisant poser son modèle devant lui; dans ce cas, le résultat sera nécessairement une chose artistique.

L'eau gommée qu'on emploie pour peindre les photographies sur ivoire doit être étendue, d'abord avec de l'eau, ensuite avec de l'alcool. On peut y ajouter un peu de sucre pour empêcher le soulèvement des couleurs.

CHAPITRE XII.

Chromo-photographie.

Le procédé de peinture chromo-photographique est tellement simple que toute personne peut l'employer avec succès, avec un peu de goût et d'adresse seulement.

Les couleurs dont on fait usage ne sont pas d'un prix élevé; elles sont généralement solides. On peut se les procurer chez différents spécialistes, elles sont contenues dans des tubes de métal et préparées pour l'usage. Le médium ou véhicule nécessaire est vendu avec ces couleurs, ainsi que le vernis destiné à rendre l'épreuve transparente.

Avec un peu de travail et des frais presque in-signifiants, les plus petits portraits aussi bien que les plus grands seront produits avec ce procédé.

La photographie ne doit pas être montée sur du carton. Elle sera plongée d'abord dans l'eau chaude, afin de la rendre humide le plus possible. Elle sera placée ensuite sur un morceau de verre, le bon côté de la photographie en contact avec le verre, et parfaitement séchée. Elle recevra ensuite une ou plusieurs couches de vernis, jusqu'à ce qu'elle devienne parfaitement transparente. Quand cette couche de vernis sera complètement sèche, vous pourrez procéder au coloris de la photographie en travaillant toujours par derrière et par transparence.

Si vous le préférez, vous pouvez tremper l'épreuve dans le vernis, avant de la placer sur le verre; mais, quel que soit le moyen que vous choisissiez, il faut nécessairement placer de petites bandes de papier gommé sur les bords, afin que la photographie reste bien en place sur le verre pendant le travail.

La photographie que vous désirez peindre par ce procédé devra être vigoureuse; si elle ne l'est pas, renforcez certaines parties avec de la couleur à l'eau avant de la vernir.

De l'encre de Chine avec de la laque, ou de la laque et de la sépia, mélangées de façon à produire le ton de la photographie, rempliront le but que vous vous proposez.

Les agrandissements, par exemple, qui sont des copies de petites photographies amplifiées quelquefois jusqu'à la grandeur nature, sont généralement pauvres et faibles dans les ombres; il faut de toute nécessité les renforcer par cette retouche, avant d'y placer n'importe quelle couleur locale.

Vous remarquerez que la couleur locale doit être vue sous la photographie; si celle-ci n'est pas passablement nette et vigoureuse, vous n'aurez pas besoin de continuer votre travail, car toutes les couleurs que vous y placerez ne la rendront pas bonne, si elle possède déjà des imperfections.

C'est pour cette raison qu'il est très prudent de rehausser le ton des photographies, en général avec de la sépia et de la laque, avant de placer les teintes de chairs et les carnations, parce que les couleurs qu'on emploie réduisent beaucoup la force de l'épreuve photographique et lorsqu'elles y seront placées il sera trop tard pour l'améliorer d'une façon quelconque.

Il est donc très judicieux de placer quelques touches un peu vigoureuses dans les yeux, les sourcils, les narines, la bouche, les cheveux, etc., avant de commencer le travail.

Le coloris. — Nous supposons que l'épreuve photographique est transparente et complètement sèche, et conséquemment prête pour l'application des couleurs.

Placez sur votre palette une petite quantité de

la couleur que vous voulez employer et mélangez-la avec un peu de médium. Usez de ce dernier en quantité suffisante seulement, pour que les couleurs s'emploient facilement, car les tons ne doivent pas être faibles. Ne mettez pas de couleurs sur la palette en plus grande quantité qu'il n'est nécessaire, car elles sèchent rapidement et, dans cet état, deviennent inutiles.

Pour nous expliquer plus clairement, nous supposons que vous voulez peindre un portrait d'une dimension moyenne. Appliquez d'abord de la couleur rose sur les lèvres et les joues, très modérément, en adoucissant les contours avec un pinceau sec. Afin de voir l'effet que vous avez produit, retournez l'épreuve sans l'enlever du verre et placez par derrière un morceau de papier blanc. Si les contours de la teinte ne sont pas assez adoucis, répétez de nouveau l'opération avec le pinceau sec.

Placez ensuite les hautes lumières et des touches de blanc dans les yeux et dans les parties proéminentes des objets (particulièrement ceux qui sont colorés), dans les parties que la lumière frappe vigoureusement.

Il faut peindre ensuite les parties les plus brillantes, telles que l'or, les fleurs, les rubans et tous autres petits objets éclatants qui se trouvent dans l'épreuve.

Placez les couleurs dans la figure, laissez sécher, étendez par-dessus la teinte de chair, ce qui donnera de la solidité et un certain fini à votre travail.

Vous pouvez, après l'application du rose sur les joues, etc., étendre la teinte de chair sur les carnations pendant qu'elles sont encore humides. C'est une méthode expéditive, quelquefois meilleure. Quand vous aurez essayé les deux manières, adoptez celle qui vous conviendra le mieux. Dans les sujets où une teinte rose brillante est nécessaire, il ne faut pas employer un ton de chair contenant beaucoup de rose et de vermillon.

Les amateurs ont souvent une tendance à produire le travail par trop éclatant en couleurs. Avec ce procédé, on ne court pas ce risque, car la couleur est vue à travers la photographie qui adoucit et fond les couleurs. Il vous faut donc employer absolument des couleurs très éclatantes, sous peine de produire un résultat lourd et désagréable.

Une couleur écarlate brillante employée avec une photographie foncée produit presque une couleur brique.

Si la photographie est très foncée et chaude, l'application produit une couleur marron ; si elle est très claire, la couleur se traduit dans sa propre valeur. Un jaune brillant, vu à travers la photographie, produit une couleur excellente pour les cheveux blonds.

Excepté pour les joues et les lèvres, il est de règle de placer des couleurs plus éclatantes que la teinte qui est désirée.

Un peu de jugement et de pratique vous rendront bien vite capables de juger la force des tons qui vous seront nécessaires.

Si vous doutez de l'effet d'une couleur quelconque, appliquez-la sur l'épreuve (faites votre essai le plus loin possible des autres couleurs) et, si vous n'êtes pas satisfait, prenez un petit morceau de linge humecté avec de l'alcool, enlevez-la et essayez de nouveau.

Toutes les couleurs peuvent être mélangées les unes avec les autres. Il sera quelquefois nécessaire d'y ajouter du blanc : par exemple, pour peindre les ciels, pour représenter l'eau, du bleu, du vert et du blanc, etc.

Lorsque ce coloris est terminé et parfaitement sec, passez légèrement la lame d'un canif autour des bords et enlevez l'épreuve du verre ; montez-la ensuite sur un carton avec de la colle de gélatine.

Si une petite quantité de vernis se trouve sur le bon côté de l'épreuve, il est quelquefois nécessaire de passer une couche de ce même vernis sur toute la surface.

Nettoyez soigneusement vos pinceaux dans de l'alcool avant de les faire sécher.

Ivorytypie.

L'ivorytypie a été inventée par M. F.-A. Wenderoth. Les résultats obtenus avec ce procédé sont très agréables, quand ils sont fraîchement exécutés ; mais ces peintures ont le mauvais côté de jaunir au bout de quelques années. Voici en quoi il consiste.

Une photographie imprimée sur papier salé est peinte à la manière ordinaire ; elle est ensuite scellée sur une glace à l'aide d'une préparation dont nous donnerons plus loin la formule.

Bien que ce procédé paraisse très simple, il est certains points, certaines manipulations qui ne sont pas généralement bien compris ; ceci a pour résultat des insuccès complets, ou tout au moins une imitation sans valeur.

D'abord, la photographie doit être imprimée beaucoup plus vigoureuse que pour tout autre genre de peinture appliqué à la photographie. Elle sera tendue (non pas collée) sur un panneau de bois uni et égal. Cette tension sera obtenue en humectant la photographie, en enduisant les bords de l'épreuve avec de la colle. On pose l'épreuve à plat sur le panneau du bois, on presse les bords enduits de colle en les faisant adhérer au panneau. Quand l'épreuve photographique sera sèche, elle sera parfaitement tendue et les coins ne devront ni se recoquiller ni faire des plis.

La peinture dans ce procédé n'est pas difficile, mais il est surtout très important d'apprécier les parties de l'épreuve qu'on doit traiter avec des couleurs opaques ou des couleurs transparentes. Le fond de la photographie devra être très propre. Les parties unies du fond seront mieux représentées avec des couleurs transparentes. Les rideaux, les chaises, les meubles ou autres choses semblables devront être peints avec des couleurs opaques et brillantes. Les draperies, les vêtements seront mieux exécutés avec des combinaisons de ces deux genres de couleurs.

Les tons de chairs seront faits presque totalement transparents, bien qu'ils doivent être étendus deux fois plus forts, plus intenses qu'il n'est nécessaire lorsque la peinture est terminée.

On peut placer dans les lumières des cheveux des couleurs mélangées avec du blanc de céruse. Dans le procédé d'ivorytypie, le blanc de céruse est préférable au blanc de Chine, parce qu'il se travaille mieux et parce que cette couleur est protégée par une glace qui est scellée sur la peinture : il n'y a donc pas de danger que ce blanc puisse noircir dans la suite.

Il faut peindre les dentelles et les bijoux très
finement. Le choix des couleurs dont on fait usage
est le même que pour la peinture à l'aquarelle.
L'application en est modifiée, en ce sens qu'on
emploie de larges teintes plates ou lavis au lieu
de hachures ou de pointillé.

Aussitôt que l'épreuve sera peinte, elle sera
enlevée de son support, en la coupant sur les bords,
et soigneusement préservée de toutes taches ou
marques.

Prenez ensuite une glace un peu plus grande
que la photographie, nettoyez-la et polissez-la avec
le plus grand soin; faites ensuite le mélange suivant:

	Parties.
Cire blanche........................	6
Baume de Canada.....................	2
Gomme Elemi........................	1

Les substances constituant ce mélange doivent
être chauffées au bain-marie, dissoutes et soigneusement filtrées avant d'être employées.

La glace doit ensuite être bien chauffée.

Cette opération nécessite beaucoup de soin.
Elle est accomplie en promenant la glace en tous
sens et dans toutes les directions au-dessus d'une
lampe à alcool.

Si l'on a un grand nombre d'épreuves à traiter

de cette façon, il est mieux d'avoir une table et une plaque en fer, sur laquelle reposent les glaces, qui seront soumises à la chaleur au moyen du gaz ou d'une lampe placée sous cette plaque; de cette façon, elles seront chauffées graduellement, sans danger de se briser.

Lorsque les glaces seront suffisamment chaudes, la composition ou mélange de cire sera versé sur le milieu de chacune d'elles, et vous étendrez la préparation sur toute la surface en l'inclinant de tous les côtés.

L'épreuve, la peinture en dessous, est maintenant soigneusement abaissée sur la couche de cire; elle doit y rester jusqu'à ce qu'elle soit complètement transparente.

L'excédent de cire est enlevé jusqu'à ce que la peinture et la glace soient dans le contact le plus intime. Il faut avoir le soin de faire disparaître toutes les bulles d'air qui peuvent se trouver entre l'épreuve et la glace.

Lorsqu'elle sera presque refroidie, les deux côtés seront nettoyés avec de la térébenthine.

Le côté auquel la photographie est attachée devra être manié avec le plus grand soin. L'épreuve, à ce moment, peut être complétée, si c'est nécessaire, par des teintes appliquées dans certaines parties; faites vos teintes suffisamment transparentes pour produire l'effet voulu; frottez bien le derrière de l'épreuve avec de la salive, avant d'y appliquer les couleurs.

Examinez votre travail de temps en temps, en le plaçant au-dessus d'un morceau de carton bristol blanc.

C'est à ce moment qu'il faudra attacher le bristol blanc aux bords de la glace. Mesurez d'abord la distance à laquelle vous devez placer ce bristol de l'épreuve, car le contact intime n'est pas nécessaire. Pour obtenir cet effet, vous pouvez coller sur le bristol plusieurs autres petits morceaux de carton d'épaisseurs variées, qui ne seront pas visibles.

Collez un papier gommé sur les bords.

Placez la peinture dans un cadre de velours.

A une certaine époque, ce genre de peinture a eu un grand succès ; on a imité le procédé de beaucoup de manières différentes, mais on n'a jamais surpassé ni égalé les résultats obtenus par le procédé d'ivorytypie original.

Cristal-Ivorytypie.

Ce procédé a pris différents noms dans divers pays ; il est exécuté avec des verres convexes.

Son exécution demande absolument une bonne photographie ; elle est d'abord montée sur la surface concave du verre. Ce montage est exécuté, en couvrant l'épreuve, du bon côté, avec de la colle d'amidon. Le verre est ensuite couvert avec cette même colle (très propre) et l'épreuve est pressée et comprimée sur ce verre avec les doigts, jusqu'à ce que toutes les bulles d'air aient disparu. Laissez sécher complètement et enlevez toutes les parties du papier avec du papier émeri.

Dans cette opération, veillez à ce que la pellicule d'albumine, sur laquelle est impressionnée l'image photographique, ne soit pas enlevée par le frottement, ou dénaturée ou abîmée à quelque endroit.

Le verre supportant la pellicule est à ce moment plongé dans une cuvette contenant de l'huile de ricin, du saindoux ou de la paraffine. Il doit rester dans cette préparation jusqu'au moment où l'épreuve sera complètement transparente.

L'expérience a démontré qu'après quelques mois les verres préparés avec de l'huile de ricin et du saindoux étaient couverts de taches désagréables. C'est pour cette raison que la paraffine ou le spermaceti doivent être employés de préférence.

Après avoir enlevé l'épreuve et le verre de ce bain, nettoyez les deux côtés et collez tout autour du verre une petite bande de bristol très peu épais ou de papier un peu fort.

Un autre verre, exactement de la même dimension que le premier, très bien nettoyé, sera ensuite placé derrière celui qui supporte l'épreuve photographique. Une bande de papier gommé sera collée autour de ces deux verres, pour les fixer ensemble avec l'épreuve qui se trouve entre les deux verres.

La peinture sera alors exécutée avec des couleurs à l'huile sur la surface concave du deuxième verre.

Une grande habileté n'est pas nécessaire pour cette opération. Il faudra employer des couleurs très brillantes, puisque ces couleurs doivent être vues à travers deux verres et l'épreuve qui se trouve placée entre ces deux derniers.

Les couleurs suivantes répondront sans doute à tous les besoins.

Blanc d'argent.	Vermillon.
Jaune de cadmium.	Terre de Sienne brûlée.
Bleu français.	Bleu noir.
Vert brillant.	Rouge de Venise.
Carmin.	

On peut naturellement employer un plus grand nombre de couleurs : ceci dépend beaucoup de ce que le coloriste désire produire. Dans beaucoup de cas, les couleurs suivantes seront fort utiles : l'ocre jaune, le rose garance, la terre d'ombre naturelle et le brun Van-Dyck.

Ces dernières couleurs seront particulièrement utiles pour la formation des tons de chairs.

Le jaune de Naples, la terre verte, le vert émeraude, le rouge indien, l'ocre de ru peuvent être aussi employés, selon que le coloriste est plus ou moins habile dans la formation des teintes à appliquer.

Dans ce genre de coloris ou de peinture, il est toujours nécessaire d'épaissir ou de rendre les couleurs opaques par l'addition du blanc. Rappelons encore une fois que le travail doit être exécuté dans une seule opération.

Faites le fond d'un seul coup, en vous rappelant encore que sa nuance a une grande influence sur toutes les autres couleurs qui l'entourent.

Les mélanges suivants sont excellents pour les fonds :

Un fond gris sera produit avec du noir et du blanc en différentes proportions;

Un fond olive sera formé avec un mélange de terre verte, de terre d'ombre et de jaune de Naples;

Un fond brun sombre neutre, avec du noir et de la terre de Sienne brûlée;

Un fond couleur de pierre, avec du noir, du blanc et de la terre d'ombre; un autre fond semblable, avec le même mélange additionné de jaune.

Voici encore d'autres bons mélanges pour des

couleurs de fonds : du blanc, du noir et de la terre de Sienne brûlée ; du bleu, du rouge de Venise et du blanc ; de la terre verte, du rouge indien et du blanc.

Les dames et les enfants (il est toujours utile de le dire) demandent un emploi de couleurs plus délicates que le sexe fort.

Pour les premiers, les mélanges suivants peuvent être employés pour les tons de chairs : du blanc, du jaune de Naples et du rose garance ; ou bien du blanc, de l'ocre rouge et de la terre de Sienne naturelle ; ou bien encore du blanc, de la terre de Sienne naturelle et du rose garance.

Les carnations seront faites avec du blanc, du rose garance ou du carmin et du vermillon.

Pour les teints plus foncés ou plus vermeils, employez du blanc, de l'ocre jaune ou du vermillon, ou bien du blanc, de l'ocre rouge et de l'ocre jaune, ou bien encore du blanc, du rouge indien et de la terre de Sienne.

Les teintes gris perle des chairs seront faites avec de l'ocre rouge, du noir et du blanc, ou bien du rouge indien, du noir et du blanc, ou bien encore avec du noir, du rose garance, du jaune de Naples et du blanc.

Nous pourrons imiter toutes les nuances de cheveux avec les couleurs suivantes et leurs combinaisons : blanc, jaune, noir, terre de Sienne naturelle, brun Van-Dyck et terre de Sienne brûlée.

La représentation des draperies est laissée à l'intelligence et au sentiment du coloriste. Les principes différents énoncés dans le courant de cet Ouvrage seront consultés avec fruit. Il faut toujours peindre avec des couleurs ayant plus de corps et plus brillantes que celles que nous employons dans ce qui peut être appelé la *pratique ordinaire.*

Ces peintures sont livrées aux clients peu de jours après qu'ils en ont fait la commande. Pour aller plus vite, un siccatif puissant peut être employé avec la couleur. On peut se procurer différents siccatifs chez les marchands; ils sont contenus dans des tubes en métal.

Mais n'abusez pas de leur emploi, parce qu'ils ont pour mauvais effet de faire fendre les couleurs.

Si vous faites erreur dans l'application de certaines teintes ou couleurs, vous pouvez y remédier en effaçant de suite le travail exécuté et en le remplaçant par d'autres couches.

Pour terminer le travail, la peinture est placée sur un morceau de bristol blanc coupé de même dimension que la peinture; le tout est joint ensemble avec une bande de papier noir collée autour.

Elle sera placée dans un cadre de velours ou placée dans tout autre encadrement de fantaisie.

Ce genre de peinture est peu sérieux, mais il semble plaire au public et nous n'avons pas d'autre ressource, si ce n'est de faire ce qu'il demande.

Une autre méthode, souvent plus commode, est d'enlever le papier qui supporte l'épreuve en frottant simplement sa surface avec de la pierre ponce en poudre. Ensuite, avec la préparation donnée ci-dessus pour l'ivorytypie, couvrez le côté concave du verre en le tenant au-dessus d'un fourneau à gaz ou d'une lampe à alcool; portez le tout à une température suffisante pour rendre la composition de cire liquide et continuez à étendre cette préparation dans l'intérieur avec un pinceau en poil de porc.

Quand l'épreuve sera transparente, enlevez l'excès de cire et essuyez proprement l'intérieur avec du papier de soie. Quand tout sera refroidi, l'épreuve aura l'effet d'avoir été produite sur un verre dépoli.

Faites soigneusement la peinture des yeux au dos de l'épreuve, ainsi que les fins détails des dentelles et des broderies, les lèvres, les sourcils et quelquefois les lumières et les ombres dans les cheveux. S'il y a des bijoux, ils seront aussi peints sur l'épreuve; mais le reste de la peinture sera complété sur le second verre.

S'il est nécessaire,d'enlever certaines parties déjà coloriées, employez du siccatif. Ne faites jamais usage de térébenthine : elle tacherait l'épreuve.

PROCÉDÉ DE MAYALL
POUR L'OBTENTION DES PHOTOGRAPHIES COLORIÉES.

Le brevet expose en ces termes le procédé de Mayall, qui a fait beaucoup parler de lui récemment :

L'épreuve négative est obtenue de la façon ordinaire, soit à la lumière du jour, soit à la lumière électrique; elle sert à obtenir les épreuves positives sur différentes substances : porcelaine, papier, etc.

Pour l'impression sur papier, on prépare une solution de 2 parties de colle de poisson pour $\frac{1}{16}$ partie de lactate de fer dans 480 parties d'eau; on fait chauffer le tout et l'on filtre. On fait flotter le papier sur ce bain pendant trois minutes environ; on le fait sécher et on le rend sec et lisse en le pressant légèrement entre des feuilles de papier buvard.

Puis on laisse le papier flotter pendant deux minutes dans le bain suivant : 480 parties d'albumine (autant que possible de l'albumine d'œufs frais); 4 parties de chlorure de sodium; $\frac{1}{2}$ partie de chlorure de potassium; 2 parties de vinaigre concentré et 1 goutte d'une solution concentrée d'un dérivé siliceux ou d'hydrocarbone, d'acide salicylique par exemple. On bat le tout en neige et on le laisse en repos pendant douze heures environ. On peut donner à cette masse la coloration que l'on désire, en additionnant d'une solution alcoolique concentrée de la couleur choisie la solution albumineuse, dans les proportions d'une goutte de solution alcoolique (à peu près) pour 100ᶜᶜ de liqueur albumineuse; on bat le tout en neige et on laisse reposer. On retire le papier de cette solution et on le sèche à une chaleur douce; afin de le sécher complètement, on lisse le verso avec un fer à repasser chaud.

On prépare ensuite un bain de 480 parties d'eau, 40 parties de nitrate d'argent; 10 parties d'azotate de soude et 3 parties d'ammoniaque; si l'on veut avoir un papier souple, on ajoute à ce bain 5 gouttes de glycérine. On fait flotter le papier sur ce bain, le dos en l'air, pendant deux minutes; on le sèche dans le laboratoire et on l'expose, pendant quatre ou cinq minutes, aux vapeurs d'ammoniaque.

Après le fixage, l'épreuve doit être placée dans une faible solution d'acide sulfurique, de façon à enlever toute trace de la solution sodique du fixage; puis on lave à fond. Le verso de la copie est alors fixé à l'état humide sur une plaque de verre; on laisse sécher et on colorie comme on le désire.

On aura avantage à se servir comme estompe d'un bourrelet de ouate fine que l'on fait glisser à travers un tube en verre, la partie sortant du tube étant taillée régulièrement en forme de carré. Chaque nouvelle couleur exige l'emploi d'un nouveau bourrelet.

Après avoir colorié l'épreuve pour préserver le papier de l'humidité, on l'enduit sur ses deux faces de cire blanche, de paraffine ou de camphre; dans le cas de l'emploi de la cire, le papier doit être suffisamment chauffé.

Les épreuves pourront recevoir une coloration plus forte que celle qui est exigée pour le résultat définitif.

L'image est ensuite exposée aux vapeurs d'une solution alcoolique faible d'acide salicylique, d'hydrocarbonate, de paraffine ou d'une préparation de fluor pour donner de la stabilité aux couleurs; puis saupoudrée avec du verre finement pulvérisé. On emploie une armoire fermée hermétiquement dans laquelle on a installé un soufflet, de façon que la poudre de verre soit projetée sur l'image comme un nuage. L'image coloriée est placée, dans cette armoire, sur des baguettes préparées à cet effet; elle y séjourne pendant quelques secondes. Elle est ensuite placée, le dos en l'air, sur une plaque de verre préparée de la manière suivante : on frotte ce verre avec un tampon de coton recouvert de cuir et saupoudré de silice finement pulvérisée; on l'enduit de collodion additionné d'acide salicylique (1 goutte d'acide salicylique pour 480ᶜᶜ de collodion). Après dessiccation, on enduit encore une fois de gélatine et d'acide salicylique (1 goutte pour 480 de gélatine). Une fois sèche, la surface de l'image est enduite d'un hydrocarbonate (par exemple, de paraffine) auquel on ajoute quelques gouttes d'acide salicylique dans la proportion de 2 gouttes pour 480 parties de l'hydrocarbonate. L'image est ensuite appliquée sur la plaque gélatinée, séchée dans une atmosphère chaude.

On la détache alors de la plaque de verre; elle forme, quand on la colle sur du carton, de la porcelaine, ou sur toute autre matière, une image photographique durable et d'un beau coloris.

Si l'on veut obtenir une image brillante, il est nécessaire d'exécuter sans interruption les diverses phases du procédé que nous venons de décrire et d'opérer dans une atmosphère d'une température de plus en plus élevée. En effet, si l'image se refroidit pendant l'opération, on n'aura plus qu'une surface émoussée, bonne dans d'autres cas seulement.

Pour imprimer sur porcelaine ou sur une substance analogue, Mayall enduit la porcelaine de collodiochlorure d'argent et de la solution albumineuse citée plus haut; le reste de l'opération s'effectue comme pour le papier.

On emploie des couleurs ordinaires, sèches, additionnées d'acide phénique et de silicate de potasse (ou de kérosine et de silicate) dans les proportions suivantes : 480 parties de couleur sèche pour 60 parties d'acide phénique et 20 parties de silicate de potasse; ou 60 parties de kérosine et 20 parties de silicate de potasse.

Avoir bien soin, pendant les manipulations, d'empêcher l'introduction de toute matière organique, à l'exception de celles citées plus haut.

(Traduit par HENRY GAUTHIER-VILLARS.)

TABLE DES MATIÈRES.

CHAPITRE V.

CHAPITRE VI.

CHAPITRE VII.

DEUXIÈME PARTIE.

LA PEINTURE A L'HUILE APPLIQUÉE AUX PORTRAITS PHOTOGRAPHIQUES SUR PAPIER.

CHAPITRE VIII.

CHAPITRE IX.

CHAPITRE X.

TROISIÈME PARTIE.

PROCÉDÉS DIVERS DE PEINTURE APPLIQUÉS AUX PORTRAITS PHOTOGRAPHIQUES.

CHAPITRE XI.

CHAPITRE XII.

13663   Paris. — Imp Gauthier-Villars et Fils, 55, quai des Grands-Augustins.

LIBRAIRIE GAUTHIER-VILLARS ET FILS,

QUAI DES GRANDS-AUGUSTINS, 55, A PARIS.

DAVANNE. — La Photographie. Traité théorique et pratique. 2 beaux volumes grand in-8, avec nombreuses figures, se vendant séparément :

> Ire PARTIE : Notions élémentaires. — Historique. — Épreuves négatives. — Principes communs à tous les procédés négatifs. — Épreuves sur albumine, sur collodion, sur gélatinobromure d'argent, sur pellicules, sur papier, avec 2 planches spécimens et 120 figures dans le texte; 1886 . . . . 16 fr.

> IIe PARTIE : Épreuves positives : Daguerréotype. Épreuve sur verre et sur papier. Épreuves aux sels de platine, de fer, de chrome (procédé au charbon). Impressions photomécaniques. — Divers : Agrandissements. Micrographie. Stéréoscope. Les couleurs en Photographie. Notions élémentaires de Chimie. Vocabulaire; 1888.   (S. pr.)

KLARY, Artiste photographe. — Traité pratique d'impression photographique sur papier albuminé. In-18 jésus, avec fig.; 1888. 3 fr. 50 c.

KLARY. — L'Art de retoucher en noir les épreuves positives sur papier. In-18 jésus, avec figures; 1888 . . . . 1 fr.

KLARY. — L'Art de retoucher les négatifs photographiques. In-18 jésus; 1888 . . . . 2 fr.

KLARY. — Traité pratique de la peinture des épreuves photographiques avec les couleurs à l'aquarelle et les couleurs à l'huile, suivi de *différents procédés de peinture appliqués aux photographies*. In-18 jésus; 1888 . . . . 3 fr. 50 c.

KLARY. Artiste photographe. — L'Éclairage des portraits photographiques. *Emploi d'un écran de tête, mobile et coloré*. 6e édition, revue et considérablement augmentée par HENRY GAUTHIER-VILLARS. In-18 jésus, avec figures dans le texte; 1887 . . . . 1 fr. 75 c.

PIQUEPÉ. — Traité pratique de la Retouche des clichés photographiques, suivi d'une Méthode très détaillée d'Émaillage et de *Formules et Procédés divers*. In-18 jésus, avec 2 photoglypties; 1885.   4 fr. 50 c.

13263 Paris. — Imprimerie GAUTHIER-VILLARS ET FILS, quai des Grands-Augustins, 55.